シン・がんばらない

鎌田 實

潮新書
057

潮出版社

はじめに

二〇二四年、世界史上初めてのことが日本で起こる。五十歳以上の人口が、総人口の五割を超えるのだ。すでに超高齢社会は本格化しており、二〇二五年には団塊《だんかい》の世代が丸ごと七十五歳以上になることで、後期高齢者が総人口の一八パーセントを占めるようになる。そうなれば、社会保障費は増大し、働き手不足はより深刻化する。あるいは、少子化は加速し、どれほどあがいたところでＧＤＰ（国内総生産）はさらに低減していく。

そんな難局に直面した日本において、果たして希望を見つけることはできるだろうか。本書は、僕自身のそうした切実な思いに端を発した。そして、医療や介護の世界に限らず、さまざまな職種の方々に話を聞くなかで多くのことを知った。

「親の面倒は子が見るべき」という社会通念に苦しむ人たちがいる。そんな人たちが「家族じまい」や「絶縁」という選択をしなくても済むように、家族の代行をしてくれるスペシャリストがいるなんて、思ってもみなかった。未婚でいることをネガティブに捉えるのではなく、「一人でいるって楽しいこと」と発想を転換してソロ活という生き方で日常を謳歌している人だっている。常識に囚われることなく、むしろ自由になっていく発想。そこに希望を垣間見た。

これからは仕事の仕方も変わってくる。インターネット上でもリアルの世界に負けないくらい、顧客の心を掴む新しいアパレルの仕事をしている人がいたり、これまでの大量生産と大量消費を反省し、次世代の革製品ブランドを模索する人がいたり、課題を乗り越えるための新たな挑戦に希望を感じるのは僕だけでないはずだ。

東日本大震災をきっかけに、芥川賞作家の柳美里さんは鎌倉から福島・南相馬市に移り住んだ。地方に文化を根付かせようと努力する人や、人口減少時代におけるまちづくりを模索する人、常識を突破しようとする人、歳を重ねてもなお生き生きとしている人たちの胸には、混沌の時代だからこその希望がある。

いまから二三年前、僕が書いた『がんばらない』という本は五〇万部を超すベストセラーとなった。その本の「あとがきにかえて」に、僕はこんなことを書いた。

〈都落ちするな、という友人の言葉に逆らって、どうしても都落ちしたかった自分があった。孤立無援のなかで生きる自分を見つめてみたかったのだろうか。孤独な実存を目指した自分の思いと違い、信州の自然と諏訪の人々によってぼくの心は癒され、想像外の急展開をした。吉本隆明の「共同幻想論」に対峙するような、「共生」とか「地域共同体」とかいうワナに、むざむざとからめ捕られていく自分の姿を感じた。それを遠くから批判的にながめている自分と、共生というくもの巣にからめ捕られながら、ある種の気持ちよさを感じているもうひとりのぼく自身を発見したのである〉

この文章を書いたのは、東京から地方に移ってからおよそ四半世紀が経った頃のこと。そのときからまた四半世紀が経とうとしている。この間、外国への移住を考えたこともあったけれど、チェルノブイリに行ったりイラクに行ったりすることで、僕は約半世紀にわたって田舎生活にこだわり、ジグザグに生きる道を選んだ。

『シン・がんばらない』の「シン」には、狭義には「新」「深」「心」――という意味を込めた。広義には「真」「浸」「慎」「呻」「沁」「神」「信」――という意味も込めた。「がんばらない」に「希望」というキーワードを合わせるために、「新しい」だけではない、いろいろな意味を込めることにしたのだ。

息がしづらい日本を、希望が見出せて深呼吸ができる日本に変えたい。僕自身はいつも〝逆張り〟の発想で生きてきた。生きることが大変なときほど、「こういうときは逆張りだ」と自分に言い聞かせ、希望を手放さずに生きてきたのだ。「一〇年後はきっと面白くなる」――と。

二〇二四年から二五年にかけて、僕たちは新たな難局に直面する。希望は、見つけられるかどうかを問うものではない。希望は、手放してはいけないものなのだ。

鎌田 實

シン・がんばらない　目次

第4章

第5章

装丁／清水良洋（Malpu Design）
本文ＤＴＰ／株式会社スタンドオフ
イラスト／石野点子

第1章

シン・生き方論

〃一人でいるって楽しいことね〃。

驚きだが、まだまだ思うように他者と会えない日々が続いている人たちもいる。そんな現下の状況に言いようのない孤独感を抱いている人たちがいる一方で、以前よりもストレスを感じることなく一人の時間を有意義に過ごしている人たちがいる。

コロナ禍《か》の三年間を意外にも楽しく、生きてきた人たち。一人時間をうまく過ごせる人たちは強かった——。そう考えて、今回は近年注目を集めている「ソロ活」を取り上げることにした。

「ソロ活」とは、その字面《じづら》のとおりソロ（一人）での活動を意味する言葉だ。一人で温泉旅行に出かけたり、一人で外食をしたり、一人でカラオケ店に行ったり。コロナ前からそうした日常の楽しみ方が少しずつ人々の支持を集めていたのだ。そんなソロ活について、今回は独身研究家の荒川和久《あらかわかずひさ》さんと、ソロ活に関するコラムや書籍が話題の朝井麻由美《あさいまゆみ》さんのお二人に話を聞いた。

恋愛強者三割の法則

荒川さんは二〇二一年の三月まで大手広告会社で幅広い業種のマーケティング業務を担当しながら、独身生活者研究の第一人者としてご活躍されてきた。同年四月に独立し、いまは独身研究家・コラムニストとして活動されている。一方、朝井さんの肩書《かたがき》はフリーライター・コラムニスト。二〇一九年に出版された『ソロ活女子のススメ』(大和書房)が話題を呼び、二〇二一年四月から同書を原案にしたテレビドラマの放送が始まっている。好評を博したようで、二〇二四年はシーズン3の放映が決まっている。

初めに少し「ソロ」という言葉について触れておきたいと思う。最近では、未婚者のことを「ソロ」と呼ぶようになっているそうだ。そして、近年はそのソロが増え続けている。そのことに関する荒川さんの分析《ぶんせき》がおもしろい。例えば、未婚化の原因を「イマドキの男は草食だからだ」とするのは間違いで、出生動向基本調査によると、どの世代も恋愛できる男女は全体の三割程度しかいないという。荒川さんはこれを「恋愛強者三割の法則」と名付けている。

また、テレビや新聞などで流れる「出生動向基本調査によると、結婚したい男女は九割もいる」という言説も正しくないそうだ。というのも、これは「いずれ結婚するつもり」と「一生結婚しないつもり」の二者択一《にしゃたくいつ》の質問に対する回答であり、調査結果をつぶさに見ると、二十歳から三十四歳までの未婚男性で結婚に前向きなのは全体の四割、同じ年齢層の未婚女性でも五割なのだという。

一時的な皆婚《かいこん》時代

巷間《こうかん》には、ソロが増えていることを悲観的に捉《とら》える向きがある。しかし、荒川さんはそのことをまったく

荒川和久さん

後ろ向きには捉えていない。

「婚姻数が減っているのは確かですが、歴史を紐解《ひもと》いてみると、むしろ明治時代後半から昭和の高度経済成長期までの一〇〇年間だけが、婚姻数が増えていた異常な時代だったんです」

つまりこういうことだ。一八九八年(明治三十一年)に施行《しこう》された明治民法で「家制度」が規定され、この法律によってそれ以前は精神的にも経済的にも互いに自立していた日本の夫婦のカタチが「夫は外で仕事、妻は家事と育児」という規範《きはん》に変わった。これについて荒川さんは「明治民法って、いわば女性から経済権を奪ったような法律ですからね」という。この「家制度」

の結果として、男女ともに「結婚をしない」という選択肢が奪われてしまい、それが近代日本の婚姻制度を成立させたというのが荒川さんの考えだ。

「江戸時代は離婚も再婚も多かったわけですが、明治民法を起点として結婚保護政策が打たれたわけです。それによって、国勢調査が始まった一九二〇年から一九八〇年代まで、五十歳時の未婚率が男女ともに一度も五パーセントを超えたことがないという〝皆婚時代〟が築かれたわけです」

朝井麻由美さん

シン・がんばらないソロ活

では、「ソロ活」とは「未婚者が一人で楽しむための活動」という意味なのだろうか。これについては、朝井さんがこんな話をしてくれた。

「ソロ活というと、すぐに独身と結び付けられるんです。ソロ活ってあくまでライフスタイルみたいなものなので、例えば、私のソロ活に関するコラムに感想を送ってくださる方のなかには、既婚者の方も結構いるんです。共感しましたとか、私もやってみようと思いますとかって。

自分でコーヒーを淹《い》れて飲むのが好きな人って、結婚をしてもその趣味嗜好《しゅみしこう》は変わりませんよね。ソロ活もそれと同じような感じなんです。夫婦だからといって四六時中一緒にいる必要はないですもんね。それぞれが独立した時間を楽しむのは普通のことだと思います」

僕は彼女の言っていることがよくわかる。というのも、僕は結婚をしているけれど、家では一人で本を読んでいる時間が多いし、妻と一緒に映画を観ることなんて稀《まれ》で、基本的にはそれぞれが観たいものを観ている。共通の趣味のスキーは、スキー場までは一緒に行くけれど、到着した後は帰るまでそれぞれが一人で好きなように滑《すべ》っている。朝井さんの考え方だと、僕らみたいな夫婦も立派なソロ活をしているわけだ。

荒川さんも朝井さんとまったく同じ意見だった。

「例えば、パートタイムソロ旅みたいなことをしている夫婦って珍しくないですからね。旅先までは一緒に行くし、宿も同じ。だけど、現地に着いたら基本は別行動でそれぞれが行きたい場所にソロで行く。そして夜に互いに観光した場所の話をするみたいな。当たり前のことですけど、夫婦だからっていつも同じ行動をしなければいけないわけじゃないんですよ。だから何も未婚者だけがソロ活をやってるわけじゃないんです」

ガチソロとカゲソロはコロナに強かった

荒川さんはご著書のなかで、人々のソロ属性を四つに分類している。すなわち①ノンソロ②エセソロ③ガチソロ④カゲソロ――の四つだ。

「ノンソロ」とは、既婚者で家庭を大事にする良き夫・妻・親。これが全体の四割を占《し》める。その次の「エセソロ」は、ゆくゆくは結婚をする未婚者で全体の二割。「ガチソロ」とは、結婚意欲が低く一人の時間を大切にする未婚者でこれも二割。最後の「カゲソロ」は、一人の時間を大切にしたい既婚者で残りの二割を占めるとしている。

「統計的には、いまは夫婦の三組に一組が離婚していることになっています。この割合はノンソロとカゲソロの比率と重なるんですよね。つまり、カゲソロの人は結婚をしてもガチソロに戻る場合があるということです。

例えば、コロナ禍のなかではこんなことが起きています。テレワークによって家族との時間が増える。当初は家族の温かみを感じられたものの、時間が経つと段々と暑苦しくなってくる。それは一人の時間がなくなってしまったからなんです。通勤電車のなかで本を読んだり、スマホを触ったりといった一人の時間がなくなってしまったことで、リセットする時間を失ってしまったんです。通勤電車って、周囲にたくさん人はいるものの、基本的にはみんなソロの時間を過ごしてるんですよ」

「ソロ」に対する世間の固定観念は他にもある。多くの人は漠然《ばくぜん》と「ソロ＝寂しい＝不幸」というイメージを持っているというのだ。これは裏を返せば「集団＝楽しい＝幸福」というイメージにもなる。こうした固定観念に荒川さんは警鐘《けいしょう》を鳴らす。

「物理的に一人でいることは寂しい。だから、居場所や話し相手を用意する。これが政治や行政の孤独対策の方向性です。それはもちろん大切なことですが、物理的に一人でいる人だけが寂しさを感じていると見てしまうと、かえって孤独の本質を見失ってしまいます。家族がいる。友達がいる。それでも孤独を感じる。僕はむしろそういう人たちのほうが深刻だと思っています。つまり、孤独だから寂しいのではなく、孤独感を抱くから寂しいのです。

その意味では、ガチソロやカゲソロといった一人の時間を大切にする人たちにとっては、コロナ禍のなかでの生活はまったく苦ではなかったはずです。むしろこれほど快適な一年はなかったんじゃないでしょうか」

まさに僕はそういうタイプだ。コロナ禍の影響がまったくなかったわけではないが、少なくとも言いようのない孤独感に襲われたりはしなかった。本を読んだり、映画を観たり、これまでなかなか手が付けられなかった長年の課題に取り掛かったり。他者に会えないなら会えないなりに価値のある時間を過ごそうとしてきたし、幸いにもいまのところはそうできている気がする。

「タコ九貫」というソロ活にあっぱれ!

朝井さんも僕と同じでコロナ禍の影響をほとんど感じていないという。そんな彼女は「ソロ＝孤独・孤立＝寂しい」という図式について、自身の体験を振り返りながらこんな話をしてくれた。

朝井さんは物心がついた頃から集団行動が苦手で、小中高時代は周囲に合わせることに常にしんどさを感じて生きてきた。それが比較的自由な校風の大学に進学したことで、初めて「群れなくてもいいんだ」と気が付いた。

「高校生の頃までは、群れなければならないと思い込んでいたんですよね。で、一生懸命に出る杭《くい》にならないように気を付けていました。なんというか、量産型の人間でいなくちゃと思ってがんばっていたんです。だから、言いたいことがあっても、なるべく自分の意見は言わないようにして。その頃は、そういう生き方が普通だと思ってたんです。

それが大学生になって一人で行動するようになると〝ああ、これが本来の自分の姿なんだ〟って思えたんです。〝これまではカバーを付けて生きてきてたんだ〟って」

彼女は『ソロ活女子のススメ』のなかで、初心者から上級者までが楽しめるソロ活三〇選というのを紹介している。これがおもしろい。外食はもちろん、ディズニーランドや花見なんかにも一人で出かけ、そこで感じたことや発見したことを彼女なりの視点で綴《つづ》ってあるのだ。

さすがにこれを読むと、僕なんかはまだまだソロ活の初心者だと思うわけだけれど、朝井さんは淡々《たんたん》と「恥ずかしさとかハードルの高さとかを感じるのって、どこも基本的には入り口の部分だけなんですよね」と語ってくれた。

「例えば、私が初めて一人ラーメンをしたのって、大学に入ってすぐのことだったので、いまから一七年くらい前だったんです。いまでこそラーメン店に一人で行く女性って珍しくありませんけど、当時はほとんどいませんでした。だから、すごくハードルの高さを感じたんですよね。

そんな時に背中を押してくれたのは友人でした。なんとなく会話をしていると『私、ラーメンだったら全然一人で行っちゃうわ』って言うんです。その言葉に背中を押されるように行ってみたら、二回目からは平気で行けるようになったんですよね」

僕は彼女の「一人寿司」の話が好きだ。ウニが大好きな彼女は、できることならウニだけを食べていたい。しかし、友達なんかと行く際には相手に合わせてマグロやイクラなんかを満遍《まんべん》なく食べざるを得ない。

そんな彼女はある時、訪問先の富山県で、一人で寿司店に入ることがあった。するとカウンター席の隣に座っていたおじさんが、タコを三貫食べた直後に「タコ六貫！」と注文したのだ。「富山県ってのどぐろとか白えびとかが名産なんですよね。なのに、タコを立て続けに九貫も食べるなんて……。それから〝私みたいな人っているんだな〟ってちょっと勇気づけられました」

朝井さんには、初心者がソロ活を楽しむために必要なことについても聞いてみた。

「一番大切なのは趣味というか、自分の好きなモノやコトなんかを見つけることだと思います。というのも、ソロ活ってそれこそ誰かに合わせてやることではないと思うので。例えば、私は食べることが大好きなんです。だから、焼鳥店にも牛丼店にも焼肉店にも一人で行きます。

私、集団行動が苦手とは言いましたけど、大人になってから気付いたのは、趣味が一緒で拘束が強くなければ集団でも楽しい時間を過ごせるということでした。理想を言えば、ソロと集団のどちらかではなく、両方を楽しめたほうが良いと思うんです。そのバランスはもちろん人それぞれですけど。

そう考えると、コロナ禍によって寂しかったりしんどかったりしている人たちが多いというのは、社会が集団で楽しむことに偏《かたよ》っていたからとも言えるような気がしています。なので、ソロ活を経験したことがない人でも、やってみたら意外と楽しめるかもしれませんよね」

「自己の多人化」で人生はおもしろくなる

ソロと集団のバランス。これはとても大切な視点だと思う。そのバランスを保つためには、個人化する社会のなかにあって、個人は「自己の多人化」を意識する必要があると荒川さんは考えている。「自己の多人化」というのはいったいどういうことなのか。

「別の言い方をすれば、自分のなかに新しい自分をどんどん生み出していくということです。いくら一人の時間を大切にしたいとは言っても、僕たちは誰もが他者との関係性のなかで生きています。そして、周囲の人間関係に応じて、無意識に、臨機応変に〝出す自分〟を変えています。それは人によって態度を変えるという次元のことでも、仮面を被《かぶ》ったり、キャラクターを演じたりといったことでもありません。いくつもある自分が、すべて本当の自分なのです。

ならば人は、新たな他者に出会うたびに自身のなかに新たな自分を生み出すことができる。

個人化する社会のなかにあって、孤独や孤立によって寂しさを感じないためには、個人が自身のなかを〝八百万の自分〟で充満させていくしかないと僕は考えているんです。

では、どうすれば新しい自分を生むことができるのか。僕は〝所属するコミュニティ〟ではなく〝接続するコミュニティ〟が大切だと思っています。外部にある集団に所属するのではなく、時々の必要性に応じてその都度接続していく。あるいは人でなくても、本を読むことも一種の接続になる。そうやって接続先を増やしていくことで自然と新しい自分が生まれ、多人化が完成します」

自分の本質は自身のなかにあるのではなく、自分に関わる人々のなかにこそある。ノーベル文学賞を受賞したカズオ・イシグロの最新長編『クララとお日さま』でも、そんなことが一つのテーマになっていた。そのことを荒川さんに伝えると、彼は三木清の二つの言葉を教えてくれた。

〈孤独は山になく、街にある。一人の人間にあるのでなく、大勢の人間の「間」にあるのである。孤独は「間」にあるものとして空間の如きものである〉〈孤独には美的な誘惑がある。孤独には味ひがある。もし誰もが孤独を好むとしたら、この味ひのためである〉（『人生論ノート』新潮文庫）

生活を楽しんでいる男性は強い

この言葉を聞いて、僕は往診先の一人暮らしのお年寄りの方々を思い出した。一人暮らしのほうが、ドンと構えている人が多い気がするのだ。例えば高齢の夫婦だと、自分が病気になった時にパートナーのことを考えて歪《いびつ》な選択をする場合がある。誰かと一緒だといろいろなことの辻褄《つじつま》を合わせようとして大変だったりするのだ。それに比べて、一人暮らしの人は良い意味で誰かに気を遣うこともない。その分、僕から見ると強く見える。

「夫と死別した高齢女性って、幸福度が上がる傾向があるんです。それに比べて、高齢男性は一人になると幸福度が下がるケースが多い。死別の場合はまだ諦《あきら》めがつくからましかもしれませんが、離婚の場合は特にそうです。

男性にとって、自己の社会的役割の喪失って〝死〟を意味します。その社会的役割って何かというと、大半が仕事でお金を稼いで妻子を養うということ。つまり、先に言った所属するコミュニティなんです。その意味では、五十代に入ったあたりからは接続するコミュニティを大切にしておいたほうが良いと思います。一人で生きることに自覚的になると、かえって繋がりのある人を大事にできたりもするんです」（荒川さん）

毎日の生活を楽しむことは、医学的にも健康に良い結果をもたらすことがわかっている。

厚生労働省の研究班が四十歳から六十九歳の人たちを対象に、生活を楽しむ意識を「高い」「中くらい」「低い」の三グループに分け、脳卒中などの死亡リスクを追跡した。その結果、生活を楽しむ意識が高いグループに比べて低いグループの男性は、脳卒中で一・七五倍、心疾患では一・九一倍も死亡リスクが高いことがわかった。一方女性は、もともと生活を楽しむのが上手な人が多いため、男性ほど顕著な結果の差は表れなかったという。

がんばりすぎないで、肩の力を抜く。自分に正直に楽しいことや好きなことに生きる。この〝がんばらない〟スタイルは生きる力も強くしてくれるように思う。

もしかしたら、コロナ禍はソロの価値を見直す好機かもしれない。婚姻関係の有無や世代にかかわらず、ソロ活にチャレンジしてみてはどうだろうか。

「親の面倒は子がみるべき」からの解放。

コロナ禍による外出自粛《じしゅく》が長引き、家庭という閉鎖的な空間で起きる子どもへの虐待《ぎゃくたい》や育児放棄《ほうき》などの問題が深刻化したといわれている。

以前、誰でも電話やSNSなどを通じて利用できる相談窓口「よりそいホットライン」を取材し、窓口の運営を行う一般社団法人「社会的包摂サポートセンター」の会長と事務局長から聞いたなかで、特に印象的だったのは、自宅にいる時間が長くなった子どもたちからの相談が増えているという話だった。

最近では「毒親」という言葉が頻繁《ひんぱん》に聞かれるようになった。虐待や育児放棄などによって子どもに害悪を与えたり、子どもの人生を支配したりする親を指す俗語《ぞくご》だ。さらには、そんな毒親との関係の解消を意味する「家族じまい」という言葉すら使われ始めている。

「家族団欒《だんらん》」や「親孝行」をなんの疑いもなく〝美徳〟としてきた人々にとっては、目を覆《おお》いたくなる状況かもしれない。果たしていま、巷間ではなにが起きているのだろうか。

家族じまい

ここでは、ここ数年で浮き彫りになりつつあるそんな家族の問題を取り上げてみようと思う。社会の暗部から目を逸《そ》らしたまま希望を語ったところで、何も始まらないからだ――。

話をうかがったのは、「毒親」や「家族じまい」について詳しいお二方。一人は、介護や葬儀など、これまでは子どもが担うのが当たり前とされてきた親のケアを代行する一般社団法人「LMN」の代表・遠藤英樹《えんどうひでき》さん。もう一人は、十代の頃に両親から〝教育虐待〟を受けた経験がある文筆家の古谷経衡《ふるやつねひら》さんだ。お二人の話からは、僕たちの社会がもう一度考え直さなければならない課題がいくつも浮かび上がってきた。

まずは遠藤さんの話から。「LMN」とは「Life（生活）」「Medical（医療）」「Nursing（介護）」の頭文字。事業内容をひとことで説明すれば、身寄りのない高齢者のサポートをする〝家族代行サービス〟ということになる。遠藤さんは「介護から納骨までのプロデュースとコンサルティングです」と語る。

「介護については、まずは介護施設を探すところから始まり、入居の契約時も一緒に同行します。あとは、毎月の訪問を希望されるのであれば毎月訪問しますし、要望があれば一緒にランチを食べたり、買い物を代行したり、通院に付き添ったりもします」

費用は、医療・介護・相続・片づけ・葬儀・供養・保険・年金に関するコンサルティングとサポートで三〇万円から。介護施設の月々の費用などの実費は別となる。つまり、三〇万円さえ支払えば、親の介護から納骨、さらには相続までの手続きを代行してくれるのだ。

社員は遠藤さんを含めて二人だが、業務委託《いたく》によって通院の付き添いや買い物の代行などを行うサポーターを合わせると、およそ三〇人のスタッフがいる。

法人の設立は二〇一六年。当初は身寄りのない高齢者本人が顧客の大半を占めていたが、最近ではさまざまな理由から親の面倒をみられない、あるいはみたくない子どもからの問い合わせが多くなっているという。

「かつては親が自ら費用を負担していたのが、近年は子どもが費用を負担するケースが増えています。要は、お金は出す代わりに親とは関係を持たないという方たちです。

問い合わせをしてくる子どもを見ても、以前は自分が面倒をみられないから代行してくれという方が多かったのが、いまは面倒をみたくないから代行してくれという人が増えています。まさに〝家族じまい〟ですよね」

では、どうして子どもは親の面倒をみたくないのだろうか。遠藤さんがこの問いに対するヒントになる興味深い話をしてくれた。

「引きこもり問題の高齢化を表す言葉に〝八〇五〇問題〟というフレーズがありますが、実は私どもの法人に寄せられる最近の家族じまいに関する相談って〝七〇四〇問題〟とも言えるんです。つまり、七十代の親の面倒をみたくない四十代の子どもからの問い合わせが多数を占めているんです」

その理由について、遠藤さんは次のように分析している。例えば、五十代以上の子どもは、過去に親から受けた暴力を〝躾《しつけ》〟として受忍《じゅにん》してきた部分がある。ところが、四十代より下の子どもはそれを〝虐待〟として捉えている。育児放棄なども同じだ。つまり、虐待や育児放棄などによって親と良好な関係を築くことができなかった子どもが家族じまいをしているというのだ。

LMN 代表の遠藤英樹さん

「同じ親から受けた暴力でも、世代によって捉え方に違いがある。それが表面化してきているんだと思います」

家族代行ビジネスの利用でシン・がんばらない生き方

親の面倒は子どもがみるべきである。それが親孝行というもの――。虐待や育児放棄などによって親と良好な関係を築くことができなかった子どもたちは、そんな日本社会に根強くある〝美徳〟に長らく悩まされてきた。ゆえにＬＭＮのサービスを利用する子どもたちは皆、口を揃えて「肩の荷が下りた」と言うそうだ。

「ねばならない」という生き方から離れてみるのも一つの手。新しいシステムやサービスを上手に利用して、いまの時代の「シン・がんばらない」生き方があるのではないかと思う。

「そういうお子さんたちにとって、親はやっぱりお荷物なんですよね。この事業を始めた時には〝家族代行なんてとんでもない〟との批判に晒されることもあるだろうと考えていたんですが、実際のところは〝誰かに任せてよかったんだ〟といった肯定的な声が多数寄せられています」（遠藤さん）

実は、遠藤さんがこの事業を始めたのは、自身の父親の看取《みと》りがきっかけだった。当時は広告代理店を経営していた遠藤さん。ある時に、それまで疎遠《そえん》になっていた父親に肺がんが見つかり、介護を頼まれた。

「父親とは、その四年前に亡くなった母親の介護を巡って意見が食い違い、それ以来疎遠になっていたんです。でも、父親が〝これまでのことはすべて水に流す〟というので、介護を引き受けることにしました。久しぶりの再会の日には、四時間も説教されましたけど（笑）」

抗がん剤治療によって、もともと六〇キロあった父親の体重は四〇キロ台まで落ちていた。それでも本人が大の病院嫌いだったため、最後の一カ月半は在宅で終末期のケアを行うことにした。

「せん妄《もう》が酷《ひど》くて大変でした。もちろん在宅医療の先生や訪問看護師も来てくださるんですが、介護に関しては基本的にはすべて自分でいろいろと調べたりしながらやらないといけなくて……。最初は不安だったんですけど、しだいに身寄りのない高齢者のサポートは仕事になるかもしれないと思うようになったんです。多くの人にとって、親の介護や看取りは初めての経験になるはずですし、お金の面についても知らないことが多いはずですので」

最期はセデーション（鎮静）で看取った。遠藤さんは、広告代理店の経営状況が良くなかったこともあって、父親が亡くなった一週間後には終活《しゅうかつ》カウンセラーの資格を取得し、ＬＭＮの前身となる事業を始めたという。

当初は身寄りのない高齢者本人からの依頼が大半だったが、近年では子どもからの依頼が増えているというのは先に述べたとおり。僕自身は「家族じまい」と聞くと、どうしても冷たい印象を抱いてしまうのだけど、遠藤さんによると必ずしもそうではないという。

「家族じまいといえども、よくよく話を聞いてみると、皆が皆、単にお金を払って家族関係を終わらせてしまうということでもないんです。そこにはやはり納得が必要なんです。なので、親も子も納得できる形で終わらせるのが私たちの仕事だと思っています」

そのために、LMNでは常に〝二・五人称〟の立ち位置を心がけている。三人称の他人でもなければ、二人称の家族でもない、いわば他人以上家族未満の立ち位置を大切にしているのだ。

「人口動態調査を見ると、一九五〇年代には一人の高齢者を約九人の現役世代で支えていたのが、高齢化に伴《ともな》い、現在では一人の高齢者を約二人の現役世代で支えなければならない状況になっています。そうなるとどうしても、高齢者は自身の老後や死を一人称で考えざるを得なくなります。実際に、私どもの法人に自ら問い合わせてこられる高齢者は〝子どもたちに迷惑をかけたくないから〟とおっしゃるんです。そんな状況だからこそ、家族ではないけれど他人でもない二・五人称の立ち位置が大切だと思うんです」

LMNを設立する前のこと。ある女性からの依頼でその方の姉のサポートをすることになった。姉は、精神疾患を持っており、少し前に夫に先立たれていた。遠藤さんは依頼されたとおりにサポートに入ったものの、二カ月ほど経つと姉本人から「あまりお願いすることもないから、いったん卒業するわ」とサポートを断られた。

それから一カ月半後に依頼者から手紙が届く。そこには姉が自ら命を絶ってしまったことが書かれてあり、次のように綴ってあった。実は、本当は私が姉の面倒をみたかった。だけど、姉とは仲が悪かったし、姉は遠藤さんのことを慕《した》っていたからお任せした。でも、やっぱり最後は笑ってお別れしたかった……。

「お姉さまが亡くなってしまったことは本当にショックでしたし、私どもの活動の限界も感じました。家族代行といえども、やはり家族にはなりきれないので二四時間の見守りはできないんです。その一件を通じて、この事業はご本人のサポートであると同時にご家族のサポートでもあるんだと気付きました」

本当は私が姉の面倒をみたかった——。

親との絶縁

「家族代行なんて冷たい」と断じる前に、そんな思いを抱きながらもサービスを利用せざるを得ないさまざまな事情に、僕たちは想像力を働かせる必要があるのかもしれない。

冒頭で紹介したとおり、文筆家の古谷さんは子どもの頃に両親から〝教育虐待〟を受けた。彼はその体験を二〇二〇年十月に刊行した『毒親と絶縁する』(集英社新書)のなかで赤裸々に綴っている。

受験勉強でいい成績が残せずに希望の進学校に行けないことがわかると、父親からは「ゴミ」「クズ」「低能」と罵《ののし》られ、「おまえに投資したカネを返せ!」と迫られた。一方、母親からはベッドに押さえつけられて左耳を殴打《おうだ》された。当時は病院に行かせてもらえなかったが、数年後に左耳の鼓膜《こまく》が破裂《はれつ》していたことが判明したという。

高校に進学してからも教育虐待は続き、ついに高校一年生の冬に古谷さんはパニック障害を発症する。医師からは、原因の約三〇パーセントは気質的なもの、残りの約七〇パーセントは環境因子と診断された。古谷さんは発症の時期などから教育虐待こそがその環境因子だったと分析する。

青春時代の最も多感な時期に発作を繰り返した古谷さんは、現在もパニック障害とうつ病によって「精神障害者保健福祉手帳」の障害等級三級を保持している。両親からは、いまにいたるまで一度も真摯な謝罪はなかったという。

そこで古谷さんは過去を清算する意味を込めて親に命名された名を改名する。それまで筆名として使用していた「経衡」を本名にした。そして二〇一九年には両親との絶縁を宣言する。

古谷さんに直接話を聞いたなかで印象的だったのは、「家族団欒」や「親孝行」という価値観には決して否定的ではなかったことだった。

「家族団欒とか親孝行とかって言葉は、別に嫌いではないですよ。私だって孝行に値《あたい》する親だったらいつでも親孝行したいんです。しかし、私の両親のように子どもから人生の選択肢を奪い、有形無形の暴力を振るってくるとなると、それは親孝行の対象ではなくなりますし、そんな親と家族団欒なんてできませんよね。だから、私はなにも旧来の家族観を否定しているわけではないんです。

私は親と絶縁したくて絶縁したわけではありません。友人や妻の両親なんかに接していると〝こういう人だったら親孝行したい〟と思ったりもしますからね。世の中には親孝行に値しない親が存在するということを、もう少し広く理解してもらいたいという思いはありま

古谷経衡さん

す」

古谷さんは現在、男の子一人と女の子一人の父親として、ごく一般的な家庭を築いているという。

「私が経験した虐待を、絶対に自分の子どもたちに〝負の相続〟をさせないように心がけています。

いい大学に進学して、いい企業やいい官庁に就職したからといって、幸せになれるとは限らない。妻も私も、子どもたちには勉強も進学も自分たちの好きなようにしてもらいたいと思っていますし、あとは健康に過ごしてくれたらそれでいいと思っています」

家族であっても他者として接する

古谷さんの『毒親と絶縁する』には多くの反響が寄せられている。最も多いのは、古谷さんと同じ経験をした人たちからの共感の声。その次に多いのは「もしかしたら自分も良かれと思って子どもに教育虐待をしてしまったかもしれない……」という親からの感想だという。

「親は良かれと思っている方が多いので、自分が教育虐待の加害者だと気付いていない人が多いように思います。一方、被害者に共通するのは、経済的に自立して親の扶養《ふよう》から外れて初めて、かつての被害に気が付くというパターンです」

古谷さんには、さらに二つのことをうかがった。一つは、親はどうすれば「毒親」にならずに済むのかということ。もう一つは、まさにいま家庭のなかで大変な思いをしている子どもたちにどんなアドバイスがあるかということだ。

親については、子どものパーソナルスペースへの配慮が大事だという。

「物理的な面では、居住空間におけるパーソナルスペースはある程度決まっているものです。そこを圧迫されてしまうと、どんなに良好な関係も瓦解してしまうんですよね。家族みんなが家にいる時間が増えたのであれば、パーティション（間仕切り）を使ってパーソナルスペースを確保するなどの工夫ができるはずです。

一方、精神面の話をすると、家族であっても少し突き放して他者として見るというのが一番いいと思います。家族なんだから話し合わなくても以心伝心でわかるといった考え方は捨てて、他者なんだから理解し得ない、理解し得ないんだから話し合いが必要だ、という姿勢が大切なのではないでしょうか」

面従腹背《めんじゅうふくはい》というシン・がんばらない生き方

では、子どもたちはどうすれば良いのか。実際に虐待や育児放棄を受けている場合は、まずは冒頭でも紹介した「よりそいホットライン」などの窓口に相談するのが良いだろう。そのうえで、古谷さんは自身の体験を踏まえて、こんな話をしてくれた。

「教育虐待については、やはり多くの人は経済的に自立してから初めて被害を自覚し、親への敵愾心《てきがいしん》が湧《わ》いてくるんです。したがって、現在進行形で被害に遭っている十代の方は、毒親と物理的な距離を取るというのが難しいと思います。

その意味では、教育熱心な親の心理を逆手にとって、面従腹背するしかないのではないかと思っています。私がまさにそうだったのですが、表向きは親に従順に過ごし、裏ではしたたかに着々と独立の準備を進める。かつての植民地と宗主国の関係と同じで、大きく逆らってしまうと自分自身の不利益になってしまう。だから、五年や一〇年という中長期的な視野で、戦略を練る必要があるのかもしれません」

古谷さんの場合、最もつらい高校時代には、アニメや漫画、小説、映画、音楽などのカルチャーの世界に逃げ込んだそうだ。そこしか逃げ場がなかったという。

「私の場合は、その時の経験が後年の人格を築いていくわけです。その点では、私が高校生の時代よりも現代のほうが、カルチャーに逃げ込みやすくなっているように思います。

ｉＰａｄなどのタブレットとネット環境さえあれば、多くのアニメや漫画、小説、映画に触れることができますよね。タブレットにパスコードを設定しておけば、親に見られる心配もない。私が十代の頃に比べれば、技術の進歩によってかなり自分の空間を作りやすくなっている。その意味では、私は大いに希望を感じています」

〝家族団欒〟や〝親孝行〟に美徳を感じる人ほど、それがしたくてもできない人々への想像力を失ってはいけない。

コロナ禍を契機に、本当に苦しんでいる人を「それでいいんだよ。もう十分に苦労したんだから」と受け止められる社会を築いていく必要があるのではないだろうか。

障害があっても不幸にならない未来を目指して。

医師である僕の作家としての処女作《しょじょさく》は『がんばらない』というエッセー集だった。刊行は二〇〇〇年。自然豊かな長野での地域医療を通じて感じたり、考えたりしたことを綴ったこの本は、ありがたくもベストセラーとなり、多くの人々に手に取っていただくことができた。

実は「がんばらない」という書名は、ある知的障害者の女性の書から拝借《はいしゃく》をした。僕が名誉院長を務める諏訪《すわ》中央病院は、院内のあちらこちらにアート作品を飾っている。その数はおよそ八〇点。有名な作家本人から寄贈《きぞう》された作品が多い。その中に障害者の方々の作品もある。「がんばらない」の書はそのなかの一つである。僕はこの書の前を通るたびに、いつも心が引き締まる思いがする。がんばって生きる。だけど、がんばれない時は、無理にがんばりすぎずに肩の力を抜くこと――。自分に言い聞かせるだけではなく、患者さんにもそう声をかけてきた。

障害者の芸術を指す言葉には「アール・ブリュット（生の芸術）」や「エイブル・アート（可能性の芸術）」などがある。諏訪中央病院の壁に飾ってある書道作品は、まさに障害者の芸術だ。近年は多様性や包摂性という言葉をよく耳にするようになった。もはや多様性や包摂性を抜きにしては、希望をもってこの国の未来を語れなくなっていると言ってもよい。そこで、多様性と包摂性というキーワードについて考えるべく、障害者の芸術を取り上げることにした。

話を聞いたのは、エイブル・アートの世界では誰もがその名を知る播磨《はりま》靖夫《やすお》さん。僕とはもう四半世紀以上の付き合いになる。播磨さんは一九九五年に「エイブル・アート・ムーブメント」を提唱し、それまでほとんど芸術として認められていなかった障害者の作品の芸術性を世に知らしめる活動を続けてこられた。播磨さんの長年の活動は時間が経つにつれて高く評価されるようになり、二〇二二年度は文化功労者に選ばれた。文化功労者はすなわち文化勲章に近づいたということ。障害者のアートを切り開いた人に文化勲章が与えられたら素敵なことだと思った。僕が初めにお祝いの言葉を述べると、播磨さ

播磨靖夫さん

んは次のように語った。

「人の人生には上り坂もあれば下り坂もある。昔からそう思って生きてきたけれど、まさか八十歳になってこんなことが起きるとは思ってもみませんでした。個人の喜びよりも、多くの障害のある方々やそれを支える人たちが一緒になって喜んだり、誇りに思ったりしてくださっているのが嬉しいです」

大学卒業後に毎日新聞社に入社し、記者として働いていた播磨さんは、三十一歳の時に独立し、フリーのジャーナリストになる。高度経済成長期が終わるか終わらないかの時期である。安定した職業である大手新聞の記者を、播磨さんはどうして辞めたのか。

「それには僕の人生観が表れているんです。僕は一九四二年に台湾の台北《たいぺい》で生まれて、戦後に三歳で日本に引き揚げてきました。玩具《がんぐ》も何もかも台北に置いて、身一つで帰ってきたんです。その時から、何もないことが当たり前ですから、安定した仕事を辞めるなんていうのは簡単なことです。仕事に執着なんてありませんでした。

ひとことで言えば、安定よりも志を選んだんです。そもそも僕は、社会的に弱い立場の人のための仕事をしようという志を持って新聞記者になりました。高度経済成長期の真っただ中にあって、社会は日ごとに華やかになっていきます。しかし、その陰には〝成長〟から零《こぼ》れ落ちた人々がいる。それが障害のある方々でした。

なかでも大きな出来事だったのは、奈良で重度障害を持つ子の母親らの市民運動にかかわったことでした。僕らの時代の大手新聞社は難関の就職先だったので、先輩からは考え直すように諭されましたが、組織には制約がつきものです。そんな自分の志のままに仕事をしようと思い、フリーになったんです。以来、障害があっても不幸にならない未来を目指して今日までやってきました」

――オルタナティブとネットワーキング

播磨さんはいま、一般財団法人たんぽぽの家と社会福祉法人わたぼうしの会（ともに奈良県奈良市）の理事長を務める。始まりは先述の重度障害を持つ子の母親らの市民運動で、奈良たんぽぽの会という組織を一九七三年に作った。現在は「たんぽぽの家」がアートとケアの視点からさまざまなプロジェクトを運営し、「わたぼうしの会」が障害者に社会福祉サービスを提供する。そして「奈良たんぽぽの会」は、ボランティア団体としてそれらの活動を支えている。

播磨さんは、ちょうど半世紀前に始めた「奈良たんぽぽの会」の活動こそが「いまなお我々の魂の部分」だと語る。

「奈良たんぽぽの会」は、一九七五年に障害のある人の詩にメロディをつけ、みんなでうたう「わたぼうしコンサート」を始める。このコンサートはいまや日本各地はもとより、アジア諸国にも根付いている。発想のきっかけはなんだったのか。

「新聞記者として初めて仕事をした場所は京都でした。当時、京都には有馬敲《ありまたかし》という詩人がいたんです。〝東の谷川俊太郎《たにかわしゅんたろう》・西の有馬敲〟と言われるほど有名な詩人です。彼からは、いつもお酒を一緒に飲みながらいろいろなことを教わりました。ある時に有馬さんがこんなことを言うんです。ピート・シーガーやジョーン・バエズ、ボブ・ディランのフォーク・ソングはベトナム反戦運動のなかで歌われた。それに比べて日本のフォーク・ソングは、違った方向に進んでいるように思う――と。

その後、有馬さんの話が頭の片隅にあった僕は、たまたま取材で障害のある人が書いた詩を見て〝ここにこそ音楽がある〟と思ったんです。拙《つたな》い字ではあるものの、命の叫びのようなものを感じました。その体験からヒントを得て、障害のある人の詩に若い音楽好きのボランティアに曲をつけてもらって、わたぼうしコンサートを始めたんです」

思い出すのは、一九八六年に長野県で開催された「全国ボランティア研究集会」だ。僕が実行委員長を、神宮寺《じんぐうじ》の高橋卓志《たくし》住職（当時）が副実行委員長を務めた。二泊三日のスケジュールで、浅間温泉に一三〇〇人ほどのボランティア活動家が集まり、朝から晩まで議論を重ねるという会合である。この会合で、最も旗幟鮮明《きしせんめい》に自分たちの活動について発表しているのが播磨さんだったのだ。

いまでも覚えているのは、そのときの議論で「オルタナティブ」と「ネットワーキング」という言葉が多用されていたことだ。「オルタナティブ」とは「主流のものに取って代わる新たなもの」という意味の言葉であり、福祉分野における「ネットワーキング」という言葉は「課題解決のためにさまざまな機関や住民らが連携すること」を指す。僕が見ている感じだと、播磨さんは当時から一貫してこのオルタナティブとネットワーキングを実践し続けているように思う。

僕がそう言うと、播磨さんはこんな話をしてくれた。

「そうですね。当時から変わってないと言えば変わってませんね。ただ、その時々で方法は変わってるようにも思います。例えば一九九八年には、新しい団体が法人として活動しやすいようにNPO法（特定非営利活動促進法）の制定に尽力しました。いまとなっては誰もがNPOのことを知っていますが、それ以前は誰にも知られていなかったんです。NPOはボランティア団体の発展形であり、まさにネットワーキングを維持・形成するオルタナティブな組織となりました」

いかに分野の壁を越えるか

前述のとおり、播磨さんがエイブル・アート・ムーブメントを提唱し始めるのは一九九五年。その二年後の一九九七年に、僕は播磨さんに誘われてある会合で講演を行った。同年十一月に神戸で開催された「カンファレンス・オン・アート・イン・ヘルスケア」という会合である。当時の僕は諏訪中央病院の院長を務めており、僕らの病院は診断と治療だけの〝狭い医療〟ではなく、健康な人が健康を維持するための保健予防活動を充実させようとアートを用いたさまざまな試みを行っていた。病院の中には有名な画家だけでなく地域の人の絵や彫刻が飾られ、中には障害のある人が書いた味わい深い書もある。施設内にはハーブガーデンが作られ、時にはそこで有名な音楽家がホスピタルコンサートをしてくれた。そんな取り組みに注目してくださって、僕に声がかかったのだ。

それにしても、考えれば考えるほどに播磨さんの〝先見の明〟が素晴らしい。いまでこそ多様性や包摂性が大切であることは皆の共通認識になりつつあるが、当時はほとんどの人がその重要性に気付いていなかった。播磨さんはどうしてそんなに〝嗅覚《きゅうかく》〟が鋭いのだろうか。

「新聞記者にとって大切なことは〝歩く・見る・聞く〟の三つです。私はそれらに加えてあちこちで〝飲む〟わけです（笑）。その四つのことを、新聞記者を辞めてからもずっと続けてきました。まずは、徹底して現場に入るというのが大切だと思います。

障害のある人々に関する活動を続けるなかで気が付いたのは、日本の場合は社会文化構造を見直さない限り障害者問題は解決しないということです。そのための最適な手段が芸術だと考えたわけです」

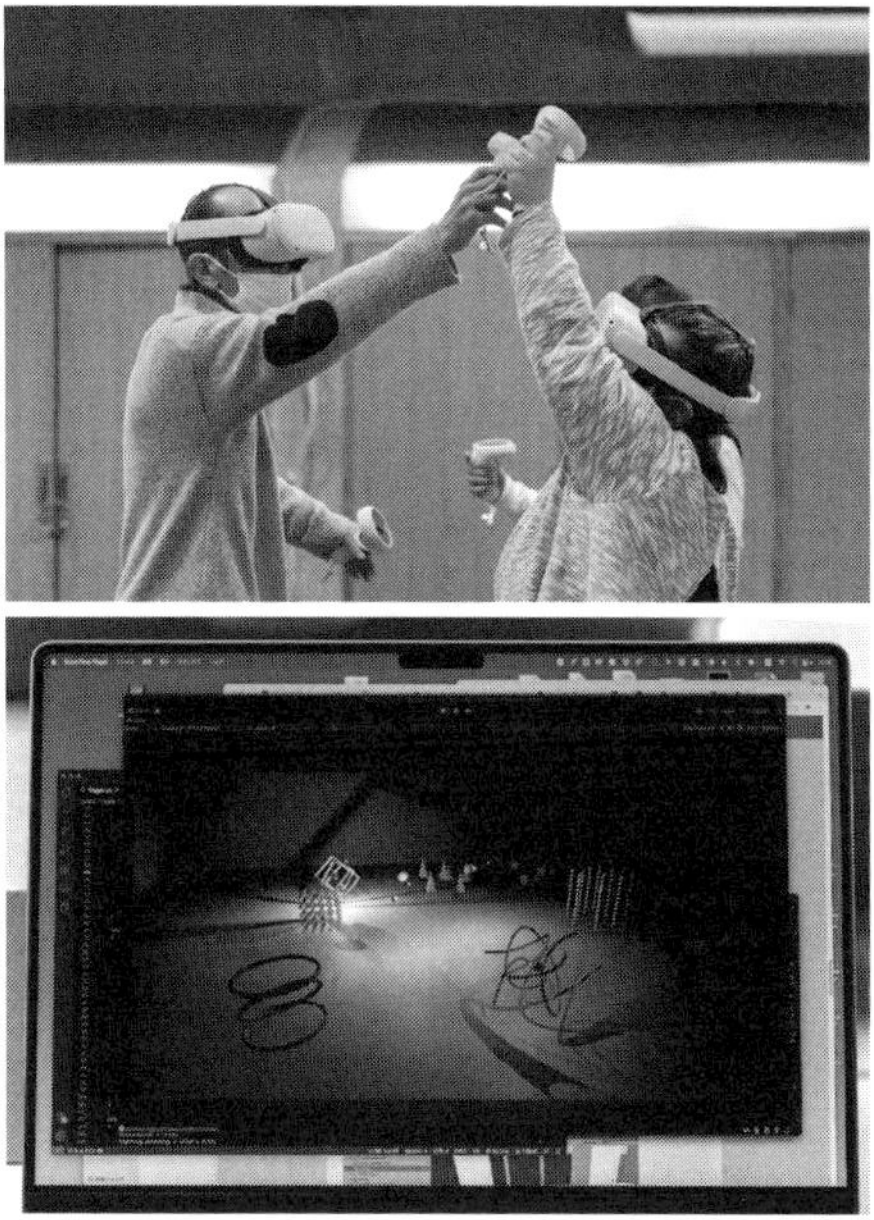

写真上：「Art for Well-being プロジェクト」で、ダンサーと障害のある人がVRゴーグルをつかって現実空間と仮想空間で身体コミュニケーションをしている様子（撮影：衣笠名津美）／写真下：VRゴーグルで実際に見えている風景

たんぽぽの家はいま、アートとケアとテクノロジーを組み合わせた実験的な取り組みとして「Art for well-being プロジェクト」を実施しており、二〇二三年三月にも展覧会が東京で開催された。アートとケアに、さらにテクノロジーを加えるあ

たりが、さすが播磨さんの嗅覚だ。

「これは僕が思いついたのではなくて、若いスタッフが考え出したんです。ただ、いつも僕が言っているのは、あらゆるところで専門化や細分化がどんどん進むと視野が狭くなって他者の痛みに鈍感になってしまうということです。だから、我々はどんどん分野を越えていこうと。

少し壮大な話になりますが、テクノロジーはこれまで産業や軍事とともに発達してきました。それを今度はアートとケアと手を組み発達していけば、より人々のためのテクノロジーになるように思います。ウクライナ危機では、一度戦争が始まってしまうと優れたテクノロジーであればあるほど戦闘が激化してしまうことがわかりました。いかに戦争を止めるか。あるいは、いかに戦争を未然に防ぐか。その点においても、芸術には力があるように思います」

久しぶりに話を聞いて、新たに播磨さんの長所を知ることができた。それは若い人たちに活躍の場を与え、彼らをしっかりと育てている点だ。「Art for well-being プロジェクト」は、その象徴的な取り組みなのだろう。僕がそのことを伝えると、播磨さんは半分は謙遜《けんそん》し、もう半分は照れて言った。

「いやいや、僕はいつもみんなと楽しく飲んでワイワイと雑談をしてるだけですよ。もう八十歳だから、僕にも限界がある。とにかく、若い人たちが問題意識を持って、いろいろなことにトライしてくれているんです」

エイブル・アートの本質は〝可能性〟

僕はこれまでに多くの芸術家と交流してきた。だからこそ、現実味をもってわかるのは、純粋な芸術による収入で生活ができるのは、ほんの一握りの人たちだけということだ。健常者と呼ばれる人たちでさえそんな状況のなか、エイブル・アートに〝稼ぐ〟ことはできているのだろうか。

「それは非常に重要な問いです。多くの福祉関係者や古い考えの人は、芸術なんてお金にならないと考えています。しかし実際には、たんぽぽの家のアーティストはあちこちのコンペで賞金を獲得しています。また、障害のある方の絵が、奈良コンベンションセンターに飾られたり、新しいホテルに買われたりもしています。

たんぽぽの家では、二〇一二年に障害のある人との協働から生まれる仕事や働き方を提案するGood Job! プロジェクトを始め、二〇一九年からはその一環として福祉と伝統工芸を組み合わせたNew Traditionalというプロジェクトを実施しています。他にも、障害のある人がアートを仕事にできる環境をつくるために二〇〇七年に設立したAble Art Companyには、すでに一二〇の作家と約一万二〇〇〇の作品が登録されています。

たんぽぽの家が拠点を置く奈良県では、気に入った作品をカフェやレストランに飾るプライベート美術館という取り組みが年々活発になっています。そうした活動が奏功《そうこう》したのか、奈良県は企業の障害者雇用率が全国の都道府県で二年連続一位となっているのです。もはやお金を取るか芸術を取るかの二者択一の時代ではなくなっていると言えます」

いまだから言えることだけど、播磨さんに初めて会った頃の僕は、彼のことを少し怪しい親父だなと思っていた。要は、播磨さんの先見性に僕は気付いていなかったのだ。そう考えると、播磨さんが五〇年にわたって取り組んできたことは今後、いまの僕が想像している以上の社会的な価値になるのかもしれない。僕のこの見方に対する播磨さんの言葉がとても印象的だった。

「エイブル・アートの本質は、字義どおり〝可能性〟にあるんです。既存《きそん》のものを絶対視しない。そのオルタナティブな発想こそが、エイブル・アートだと僕は考えています。高度経済成長期やバブル経済を経て僕たちが学んだのは、豊かになれば皆が幸せになれるわけではないということです。僕たちは常に〝思い込み〟から自由にならないといけない。エイブル・アートというのは何も障害者の芸術という狭い意味ではありません。将来の可能性に対する問いかけのアートなんです」

一即多・多即一がおもしろい

播磨さんに今後の展望を聞くと「多様性と包摂性をこの社会に具現化すること」という言葉が返ってきた。それを換言《かんげん》すると「ケアリング・ソサイエティの実現」になるという。播磨さんはかねて「ケアする人のケア」＝「ケア・ケア」の重要性を訴えてこられた。これも彼の一つの先見性の表れと言える。なぜ早い時期から「ケア・ケア」に着目できたのだろうか。

「それはいまの活動の原点が、重度障害を持つ子の母親らの市民運動だったからです。ケアする者がケアされるという反転こそが、ケアの本質なんです。多くの人は、強い人が弱い人をケアするものだと思っている。そうじゃなくて、弱い人でもケアできる社会や文化を作っていくことが大切なんです。

鎌田先生は九〇年代に、病院は病人だけが来るところじゃなくて、健康な人も来ないといけないと言って、〝開かれた病院〟を目指していましたよね。僕はその考えに非常に感銘を受けました。あれこそがまさに、私が訴えるケア・ケアの原型なんです」

とんでもないことだ。僕が〝開かれた医療〟を目指したのは、むしろ播磨さんの取り組みに大きな刺激を受けたからだった。

最後に播磨さんに聞いたのは、たんぽぽの家の活動を五〇年にわたって継続してこられた秘訣だ。単に志だけでは五〇年という長きにわたって同じ活動を続けられないはずである。

「それは若い人たちが育ってくれたからですよ。強《し》いて言うならば、異なったものに持ち込む、異なったものと組む、異なったものから学ぶ。そのことを言い続けてきました。哲学者の西田《にしだ》幾多郎《きたろう》が言った〝一即多・多即一〟です。一つのことをやっているように見えて、多様なことをやっている。それが長続きの秘訣です。昔から〝たんぽぽの家はいろいろなことをやっているけれど、何をやっているのかよくわからない〟と言われ続けてきました」

播磨靖夫という人物からは、これからも目が離せない。久しぶりに話を聞いて、改めてそう思った。

第2章

シン・仕事論

ネットでもリアルでもスタッフの「心」はお客に伝わる。

僕たちの社会活動にさまざまな影響を及ぼす新型コロナウイルス——。この間の人々の生活の変化は、アパレル業界にも大きな影響を及ぼした。自宅で過ごす時間が増えたことで衣料品の購買意欲は下がり、買うとしても多くの人が店舗ではなくＥＣサイト（商品を販売するサイト）で購入する。そのため、業界全体の売上は縮小し、なかでも店舗は苦境に立たされている。

そんななか、以前からの成長傾向が、このコロナ禍によってさらに加速したというサービスがある。オンライン接客支援サービスの「ＳＴＡＦＦ ＳＴＡＲＴ」だ。

このサービスは、店舗スタッフがＥＣサイトにコーディネート写真や動画、あるいはレビューを投稿することによって、オンラインでの接客を可能にしている。さらには、スタッフ個人のＥＣサイト上での売上を可視化することもできる。

コロナ禍によって、アパレル業界が大きな打撃を受けた二〇二〇年に「ＳＴＡＦＦ ＳＴＡ

RT」を経由した年間の流通総額は、なんと一一〇四億円。この額は前年比二・七五倍であり、サービスをローンチ（開始）した二〇一六年が一・四億円だったことを考えても、いかに短期間で急成長を遂げたかがわかる。

危機の時代における新たな潮流は、未来を見通すうえでの一筋の希望の光になるのではないか――。そんな考えから、「STAFF START」を運営する「バニッシュ・スタンダード」の代表取締役・小野里寧晃《おのざとやすあき》さんに話をうかがった。

小野里さんが「バニッシュ・スタンダード」を設立したのは二〇一一年のこと。「バニッシュ＝vanish」は「消す」、「スタンダード＝standard」は「常識」との意味。社名には〝常識を革《あらた》める〟との理念を込めた。

ECサイトはアパレル界で嫌われていた

時は二〇一〇年代のはじめ。SNSの普及などによって、インターネットに対する期待が最高潮に達していた。ECサイトであれば、たとえ店に行かなくとも便利に買い物ができる。ECサイトこそが小売業の未来を救う。その思いから、同社も当初はECサイトの開発から運営を行っていた。ところが、二〇一五年に転機が訪れる。

小野里寧晃さん

「ある時に、アパレルの店長をしている友人と飲んでいたら、こんなことを言われたんです。『俺はおまえが作っているECサイトなんて大嫌いだ』って」

店舗のお客さんがECサイトに流れたことで、売上は落ち、人員は削られ、休みが減った。転職しようと思っても、業界はみんな同じ状況。給料も上がらないし、仕事ばかりでプライベートでの出会いもない。それでもファッションは好きだから、自分たちの店の商品を中心に服を買う。なんだかカゴのなかで生きているようだ。ECサイトなんて大嫌いだ。ECサイトの馬鹿野郎――。

小野里さんも、ECサイトの登場によって窮地《きゅうち》に立たされている店舗があることは知っていた。しかし、実際に苦しんでいる〝人〟を見るのはそのときが初めてだった。

「一般論として、アパレル店舗のスタッフの月収は、一八万～二五万円ほどです。アパレル業界には、相当な数の店舗スタッフがいるにもかかわらず、彼らはいくらがんばっても収入の面で報《むく》われない構造になってしまっていたんです」

もともとそうした構造に苦しめられていたスタッフらだが、ＥＣサイトの登場によって彼らの状況はより厳しいものとなった。とはいえ、市場のニーズは明らかにＥＣサイトに傾いている。どうすれば、店舗スタッフの人々が報われるようになるのか。

「だったら、ＥＣサイト上でスタッフに活躍してもらえればいい。そんな仕組みを作ろうと思ってできたのが『ＳＴＡＦＦ ＳＴＡＲＴ』なんです。店舗には商品があって、スタッフがいて、レジがある。しかし、ＥＣサイトには商品とレジしかない。ＥＣサイトは利益率が高いため、ここにスタッフに立ってもらえば、利益をスタッフに還元できるかもしれない。そう考えたんです。

アパレル業界について言えば、本社機能や経営者などの上部構造は、全体の一割程度のはずです。残りの九割は店舗スタッフなどの下部構造が支えている。その九割の人々が下を向いているようなら、その業界が元気になるわけがないんです」

「ＳＴＡＦＦ ＳＴＡＲＴ」というサービス名には〝すべてはスタッフを中心に始まる〟との意味を込めた。

――スタッフの処遇と供給量の過多は危険域に入っていた

小野里さんにはもう一つ、アパレル業界に対する問題意識があった。それは在庫の問題についてだ。

「このサービスは、僕の〝もったいない〟という思いから始まった部分もあるんです」

食品や飲食とは異なり、アパレル業界には賞味期限や消費期限はないものの、トレンドという独特の慣習がある。シーズンごとに新しい商品が店舗に陳列されるが、そこからおよそ二カ月で最初のセールが始まり、シーズン終盤にはファイナル・セールが、さらに後には在庫処分のためのファミリー・セールが行われる。そして、それでも売れ残ったものは誰にも着られないまま廃棄《はいき》されてしまうのだ。二九億着つくられ、なんと一五億着が廃棄されるのだという。

「SDGs（持続可能な開発目標）とは相容《あいい》れない実態がそこにはあるんです。業態によってさまざまですが、在庫の問題というのは小売業の永遠の課題と言えるように思います」

そこで小野里さんは考えた。店舗スタッフが人気のない商品の良さを見出し、お客さまに提案してなるべく正規価格で買ってもらう。会社側としては、本来であれば廃棄していたものと考えて、利益の一部を還元してでもその店舗スタッフをきちんと評価する。「STAFF ST

ＡＲＴ」はそんなことも可能な仕組みになっているのだ。

「なぜ在庫が生まれてしまうかというと、もちろん、買い付けや商品企画の時点でニーズを捉え切れなかったという部分もあるでしょう。しかし、それだけが原因ではないはずなんです。

例えば、ほとんどの店舗はスタッフに売上目標を設定しています。その売上目標は当然、人気商品で構成していったほうが達成しやすいんです。だから、スタッフとしては人気商品を売りたくなる。それが〝人気〟や〝不人気〟に拍車をかけることになるんです。

ただ、そもそも人気商品という見方には、お客さまの個性に合わせた提案という視点が抜け落ちてるんです。人気商品はスタッフが勧めなくたって、陳列しているだけで売れていくもの。なので、人気の有無にかかわらず、本当にお客さまに似合う商品やコーディネートを店舗スタッフが提案できれば、細かいところでの需給バランスが最適化され、在庫の問題もある程度は解消されるはずなんです。『ＳＴＡＦＦ ＳＴＡＲＴ』には、スタッフの方々にぜひそんな働き方をしてもらいたいという思いを込めました」

店舗スタッフの処遇と、供給量の過多――。ここに、小野里さんがあらためるべき〝常識〟があったのだ。

シン・仕事論が成果を生み始める

二〇一六年のローンチから五年。この間の急成長については、この節の冒頭で触れたとおりだ。小野里さん自身は、ローンチ後の早い段階で急成長を予感したそうだが、まさかここまで成長のスピードが速いとは思わなかった。現時点で「ＳＴＡＦＦ ＳＴＡＲＴ」を利用しているブランド数は一六〇〇以上。そのうちの七割の企業が何かしらの形でスタッフを評価し、それが徐々にインセンティブなどに広がっている。

では、このサービスはなぜここまで急速に成長を遂げられたのだろうか。その理由について、小野里さんはローンチ前にアパレル業界で起きていたあることを挙げる。

「実は、僕がこのサービスを展開し始めた二〇一六年以前から、各企業さんのスタッフは独自でコーディネートの画像やレビューをＥＣサイトに投稿していたんです。ただ、それはあくまで上司から言われた担当の日に投稿するというもので、企業側もそれをスタッフの評価には結びつけていなかった。『ＳＴＡＦＦ ＳＴＡＲＴ』は、そこをつなげたわけです。

たくさん投稿して、商品が売れれば売れるほどに評価が上がり、給与や賞与の向上につながる。そうした成功体験によって、スタッフは以前よりも能動的に投稿するようになり、そのおかげでこのサービスは急成長できたんです」

店舗スタッフに会いに来るファン

小野里さんによると、「STAFF START」をローンチしてみて初めてわかったことがいくつかあるという。一つはこのサービスが、想像以上にいまの時代の傾向性を捉えていたことだ。

時代の傾向性とは、つまりこういうこと。かつての人々は、衣服を〝憧《あこが》れ〟の視点で買っていたが、いまの人々は〝共感〟で買う。しかし、アパレルブランドのECサイトでは、いまもモデルが商品を着用している。極端なケースを挙げれば、身長が一七〇センチほどあって細身、顔立ちが整っている白人モデルといった具合だ。確かに〝憧れ〟の時代にはそれで良かったが、いまはそんな時代ではなくなっている。

その点、「STAFF START」で商品を着ているのは、一般の顧客に近い店舗スタッフだ。身長が低い人もいれば、体格の良い人もいる。お客さんは、そのリアリティに〝共感〟するわけだ。ここではシン・仕事革命が行われている。

日本はいま、一人当たりGDPが三一位（二〇二二年、IMF調べ）と徐々に低下しており、経済大国から経済中国へ、さらには経済小国へと落ちていく。日本経済復活の活路はシン・仕事革命にあるように思う。

他にも、「ＳＴＡＦＦ ＳＴＡＲＴ」を導入すると、地方店・郊外店のスタッフのモチベーションが向上するという。その理由を、小野里さんは、こんなふうに語ってくれた。

「コーディネートやレビューの投稿はスマホを使って行います。したがって、来客数が多い都内店のスタッフは接客に忙しく、スマホを触っている時間がないんです。

一方、地方店・郊外店は都内店に比べれば来客数が少ないため、スマホを操作する余裕があるんです。だから、オンライン上で接客をするこのサービスは地方店・郊外店のほうが良い成績を上げるんです。

地方店・郊外店のスタッフとしては、その取り組みがきちんと評価されて給与や賞与が増えるだけでなく、銀座店や渋谷店などの全国的に知名度が高い都内店に勝ったという成功体験を得られる。それが、彼女ら彼らのモチベーションの向上につながるわけです。これは、企業の側から見れば、人的資源の効率化でもあります」

小野里さんの意図とは別に僕が個人的に考えていることがある。オンライン上でスタッフが活躍しているとなると、例えば彼らの親や祖父母も、スマホさえ使いこなすことができれば、子どもや孫が仕事でがんばっている姿を見られるわけだ。

子どもや孫が離れた土地で働いており、メールや電話をしても仕事が忙しくてろくにつながらない。せめて元気でやっているかだけでも知りたい。そんな時、職場が足を運べる範囲にあれば店舗の外から子どもや孫が働く姿を覗《のぞ》き見できるのだろう。それがいまでは、遠方であってもオンライン上で可能なわけだ。

小野里さんによると「STAFF START」は、店舗にも予想外の効果をもたらしたという。なんと、サービスの導入によって来客数が増えた店舗があるというのだ。

「なぜ来客数が増えたのかというと、ECサイト上で頻繁に発信をするようになったことで、スタッフにファンがついたんです。そのファンの人たちが、わざわざ店舗まで会いに来るわけです。単純に会ってみたいから来店する人もいれば、直接会ってトータルでコーディネートしてもらいたいという人もいます。後者の場合は、スタッフをコーディネートのプロフェッショナルと認めているということですよね。

このファンがつくという現象は、AIやロボットではあり得ないはずです。人間は人間のファンになりやすいのだと思います」

いまや、店舗と同様にECサイト上にもカリスマ店員が存在する。カリスマ店員には多くのファンがつき、多い人だと月に九〇〇〇万円も個人で売り上げるという。これにはさすがに驚いた。インターネットの時代はカリスマ店員が生まれるのだ。

コロナ後の世界を見据えたシン・仕事論

「ＳＴＡＦＦ ＳＴＡＲＴ」について、僕が個人的に気になったのは、性別によって何かしらの違いがあるかということ。僕らの世代だと、どうしても女性に比べて男性は、ファッションに無頓着《むとんちゃく》な人が多いように思えるからだ。疑問を率直にぶつけると、小野里さんはこんな話をしてくれた。

「男性のスタッフも、躊躇《ちゅうちょ》なく投稿してくれてますね。おそらく、ＳＮＳの普及とともに、コーディネートの写真を投稿したり、それを見たりすることに抵抗感がなくなっているんだと思います」

そのうえで一つ言えるのは、男性の場合は、スタッフの〝人間力〟に加えてより深い商品知識が必要になるということだ。

そうか。シン・仕事論は、深・伸・神と考えると納得しやすい。深めて伸ばして浸透させることができた人は、カミ店員になれる。おもしろい時代が来た。

「一般的に男性は、女性に比べて〝共感力〟が低いため、ファンになってもらうには、どれだけその商品について熱く語れるかが重要になります。もはや男女を単純に分けるような時代ではありませんが、傾向ということでいうと、男性のお客さんの場合は〝これだけの知識を持っているあなたから買いたい〟と思える店舗スタッフのファンになるケースが多いように思います」

「STAFF START」は、いまのところアパレル業界がメインの顧客となっているが、最近では小売業でいえば一部の百貨店でも導入されている。また、小売業に限らず、ジムやヨガのトレーナーといったサービス業などの他業種にも汎用《はんよう》性はあると小野里さんは語る。実際にすでに導入している美容室もあるそうだ。

そうなると、僕が気になるのは書店への導入だ。書店員さんのなかには、本当に熱心に新刊を読み、それをお客さんに届けようと努力している人たちがいる。書店に「STAFF START」を導入すれば、そんな書店員さんらが報われるのではないだろうか。

「もちろん書店への導入も可能です。例えば、都内でいうと代官山蔦屋《つたや》書店（渋谷区）には、本のコンシェルジュがいます。お客さんからヒアリングをして、その人にぴったりの選書をしてくれるんです。あるいは、各地にあるヴィレッジヴァンガード（本と雑貨のチェーン店）では、それぞれの店員さんがユニークなポップを作成していたりします。書店によっては、書店員の選書による棚が設けられているところもあります。そうしたところに『ＳＴＡＦＦ ＳＴＡＲＴ』を導入すれば、そこにインセンティブが働くわけです。つまり、書店員さんがきちんと評価され、それが給与や賞与に反映される。そうすれば、いずれは書店のＥＣサイトにもカリスマ店員が誕生してくるはずです。

これまでは、著名人や有名人が〝これがいいよ〟と宣伝することで物が売れてきました。もちろん、そういう側面がまったくなくなるわけではありませんが、これからは店舗スタッフの努力が物を売っていく時代になると思います」

ここまで話を聞いてきたように「ＳＴＡＦＦ ＳＴＡＲＴ」は、何も店舗が生き残るか、それともＥＣサイトが生き残るかといった二項対立ではなく、もはや普遍的なサービスだといえる。そんなサービスを生み出せた理由を、小野里さんは「企業や組織ではなく、あくまで人間に焦点を合わせたから」と語る。

「これまでのデジタルやテクノロジーというのは、業務の効率化といった企業や組織の目線で活用されてきました。しかし、『ＳＴＡＦＦ ＳＴＡＲＴ』は店舗スタッフという人間の目線から使えるデジタルであり、テクノロジーなんです」

最後に、小野里さんはいまのコロナ禍をどのように受け止め、コロナ後をどのように展望しているのだろうか。

「もちろん、コロナ禍によってアパレル業界が大きな打撃を受けてしまったのは事実です。しかし、いまはそれぞれの店舗スタッフがECサイト上でファンをつくる大きなチャンスの期間ともいえるはずです。いまのうちにオンライン上でファンをしっかりとつくっておくことが、コロナ後のリアル店舗やリアル市場の回復につながるはずです」

現状を真正面から受け止めたうえでいかに前を向いていくか。あるいは、大変な時にいかに希望を捨てずに進んでいくか――。「STAFF START」は、これから僕たちが希望を持って生きていくうえで、とても重要なヒントを示してくれている。新しい時代では、やはり従来の常識に囚われていてはダメだ。今後も、小野里さんの取り組みから目が離せない。

大量生産・大量消費よさようなら——次世代ブランドの挑戦。

二〇二一年十一月、僕にとって予想外のニュースがあった。『ニューズウィーク日本版』(同年十一月二十三日号)の特集「世界に貢献する日本人30」に選ばれたのだ。

タイトルのとおり、世界に貢献する日本人を三〇人選出し、その取り組みを紹介するという特集。サッカーカンボジア代表のゼネラルマネジャー・本田圭佑さんや、国境なき医師団の看護師・白川優子さん、カンボジアで世界初のデジタル通貨システムをつくったソラミツの社長・宮沢和正さんなど、スポーツや医療、ビジネスといったさまざまな分野で活躍する人々が名を連ねている。

そんな素晴らしいリストに選出された主な理由は二つ。ともに僕の本職である医療に関する支援活動で、一つはイラクの小児がん患者の支援、もう一つはチェルノブイリ原発事故の被害者の支援だ。

イラクでは、湾岸戦争やイラク戦争で使われた劣化ウラン弾などによって、小児がん患者が増加した。劣化ウランが健康被害を起こすかは、まだ科学的に証明されていないが、イラクの小児科医リカー・アルカザイル先生が、僕が設立に携わったＪＣＦ（日本チェルノブイリ連帯基金）の支援を受け、信州大学で遺伝子解析を用いてその立証研究を行っている。

僕は二〇〇四年にＮＰＯ法人「ＪＩＭ‐ＮＥＴ（日本イラク医療支援ネットワーク）」を設立し、これまで一貫して現地の患者に抗がん剤などの医薬品を届けたり、難民キャンプに診療所をつくったりしてきた。

同法人では二〇〇六年から毎年、冬季限定（十一月〜二月）でチョコ募金を実施している。チョコ募金とは、寄付者にお礼として六花亭の缶入りチョコレートを贈るというもの。チョコ缶には、イラクの小児がんの子どもたちが描いた絵がプリントされており、集まったお金はイラクの小児がん医療などに使わせてもらっている。

他方、一九八六年に原発事故が起きたチェルノブイリでは、事故以降に白血病や甲状腺《こうじょうせん》がんが増えた。僕は一九九一年にＪＣＦを立ち上げ、当時はまだインターネットが普及していない時代だったため、人工衛星でベラルーシのゴメリ州立病院と信州大学医学部附属病院をつないで、現地の医師たちに骨髄《こつずい》移植の最も初歩的な治療を教えるなど、医療のクオリティ向上に尽力した。さらに、同基金ではこれまでに現地への医師団の派遣を一〇四回行っている。これらの取り組みを評価していただき、光栄にも先のリストに選出してもらえたのだ。

その同じリストに選ばれた一人の女性起業家に僕は惹きつけられた。その名は鮫島弘子《さめじまひろこ》さん。世界最高峰と謳われるエチオピアのシープスキン（羊皮）を使った革製品のブランド「andu amet（アンドゥアメット）」で代表兼チーフデザイナーを務めている。鮫島さんは二〇一二年に日本法人を設立し、二〇一五年には日系企業では三社目となる現地法人を立ち上げた。そして、それ以降は一年の四分の三以上をエチオピアで過ごしているという。エチオピアの羊皮を使って革製品を製造・販売することが、どうして〝世界への貢献〟になるのだろうか。取材はオンラインで行ったものの、今回は偶然にも帰国中に話を聞くことができた。

もともとは、日本の化粧品メーカーでデザイナーとして働いていた。一年目から化粧品の企画やデザインに携わり、当初はやりがいを感じながら働くことができた。ところが、数年経った頃から鮫島さんはある疑問を抱き始める。

「いまから二〇年ほど前、ちょうどファスト・ファッションの方向に世の中が舵《かじ》を切り始めた時代でした。私のいた化粧品メーカーも私の入社年に全製品を中国生産に切り替え、シーズンごとに新商品をどんどん発売していました。

鮫島弘子さん

でもある時、売れ残った商品たちが大量に廃棄されるという業界の裏事情を知ったのです。もちろん、メーカー側もそうならないよう販売促進の努力はしますが、現実問題として売れないモノをなんとかするよりも新商品を出したほうが簡単なのです。発売からたった数カ月後にはゴミになってしまうかもしれないものを、自分は残業までして毎日作っているのか、この仕事をこれからもずっとやり続けるのか……と、次第に考え込むようになったんです」

――援助漬けから、やりがいのある仕事へ

デザインの仕事自体は好きだった。自分は世の中のために果たして何ができるのか――。本を読んだり、人と会ったりしながら悶々《もんもん》と悩む

日々が続いた。そんなある日、偶然出会ったのがＪＩＣＡ（独立行政法人「国際協力機構」）の元海外協力隊員だった。その人から話を聞き、協力隊の業務にデザイナーとしての経験を生かせる仕事があることを知り、さっそく応募した。そして採用されたのがエチオピアでの仕事だった。

「過去に、戦時中のイランでの生活をはじめ、二〇カ国ほど訪れた経験があり、途上国は初めてではありませんでした。ただ、エチオピアは私がそれまで訪問したどの国よりも経済的に貧しくて、まずはそのことに驚きました。

派遣先で仕事を始めてみると、そこで働く現地の人々が〝援助漬け〟の状態になってしまって、あまり仕事をしていないことに気が付いたんです。そこでまた大きなショックを受けました。援助しているつもりが、結果的に現地の人々をスポイル（甘やかすことで人をダメにすること）してしまっているのではないか。それならむしろ自分たちはいないほうがいいのではないか。そう考えるようになって、再び悶々とした日々を過ごすことになるんです」

しかし、エチオピアの人々が皆〝援助漬け〟だったわけではない。派遣先を飛び出した鮫島さんは、現地の職人たちに協力を呼びかけ、ファッションショーを企画する。その準備をするなかで、夜遅くまで献身的に働く彼らの姿を目の当たりにし、思わず、「何でそんなにがんばってくれるの?」と尋ねた。すると、一人の職人から思いがけない言葉が返ってきた。新しい技術やデザインを知ることができるし、そもそもエチオピアにはこんなチャレンジの機会はないんだ。だから、企画に参加すること自体がとても楽しいんだよ——と。

「援助漬けになっていた派遣先から一歩外に出てみると、エチオピアにもコツコツ真面目に仕事をする人は少なくないことに気付いたんです。もちろん援助が必要な人やケースもたくさんあるけれど、現地の大半の人は働く能力のある人たち。そういう人たちは本当は自分の力で働いて自立したいと思っている。援助を受けるより、働くチャンスを求めていたんです」

発見は他にもあった。ファッションショーのために素材のリサーチをしている時に、現地の羊皮が世界最高峰の品質であることを知ったのだ。実は、僕は鮫島さんに取材をする前にアンドゥアメットのバッグを二つオンラインショップで購入した。話を聞くにあたって鮫島さんのことをいろいろと調べているうちに、彼女のブランドのバッグが欲しくなったのだ。商品が届き、実際に触れてみるとその品質のよさは一目瞭然《いちもくりょうぜん》だった。牛皮を使った革製品とは異なり、びっくりするほど柔らかくて軽いのだ。それでいて羊皮はバッグとして使えるほど強度があるというのだから、驚かざるを得なかった。

「本当に宝のような素材なんですが、エチオピアではそれを加工したり、製品化したりする産業が未熟だったために、ほとんどが廃棄されるか、原皮のまま輸出されていたんです。輸出される原皮が、例えばイタリアでなめし加工されれば〝イタリア製〟のシープレザーになります。そして、そのレザーがフランスで縫製《ほうせい》されれば〝フランス製〟のラグジュアリーブランドの商品となったりするわけです。まさかもとはエチオピア産の羊皮だなんて、大半の消費者は知るよしもありません。知れば知るほど、そうした状況を変えられないかと思うようになりました」

困難な仕事ほどアドレナリンが出る

そもそもどうしてエチオピアの羊皮は世界最高峰といわれるのだろうか。鮫島さんによると、三つの条件が高品質を生み出しているという。

「一つ目は羊の種類です。羊といえば、多くの人は皮ではなく毛（ウール）をイメージするはずです。世界にはおよそ三〇〇〇種類の羊がいるのですが、それらは毛の質がよいウールシープと皮の質がよいヘアシープの二種類に大別できます。私たちが使っているのは、そのヘアシープのうちアビシニアハイランドシープという品種で、毛の品質はよくありませんが、皮の品質が素晴らしいんです。もちろん、食用の羊の皮を使っています。

そのうえで、エチオピアの場合は二つ目の条件である標高と、三つ目の条件である緯度がちょうどいいんです。動物の皮というのは、標高が高く、南北の緯度が一〇度以内の地域に生息していると品質がよくなるそうなんです」

革製品の触り心地だけは、実際に触ってもらわないと伝えきれないのがもどかしいが、確かにアンドゥアメットのバッグはずっと触っていたくなるほど気持ちがいい。

鮫島さんは海外協力隊員として、他にもガーナでフェアトレード（公平な貿易）のプロジェクトを立ち上げたりもした。派遣期間を終えて帰国してからは、フランスの大手ファッションブランドの日本法人でマーケティング担当として働いた。そして二〇一二年に独立。いよいよアンドゥアメットを立ち上げる。

「エチオピアには最高の素材があり、やる気のある働き手がたくさんいる。日本には高い技術とマーケットがある。それらを組み合わせることが、自分が世の中のためにできることだと思ったんです。

ただ、起業する際はすごく悩みました。私が好きなのはあくまでデザインやモノづくりの仕事で、当時は『会社経営』にはまったく興味がなかったからです。それにチャリティでやろうという気にもなれませんでした。お情けで買ってもらっても、結局使ってもらえないのであれば、それこそ化粧品メーカーにいた頃と同じで〝きれいなゴミ〟をつくることになってしまうからです。やるなら、初めからビジネスとしてやるべきだし、孫の代まで大事に使ってもらえるようなラグジュアリーブランドを目指そうと思ったんです」

「andu amet」とは、エチオピアの公用語であるアムハラ語で「一年」という意味。バッグや革小物とともに積み重ねていく時を大切にしたい。そんな思いを込めた。新品の状態が一番美しく、あとは劣化していくだけの化学繊維や人工皮革を使った製品とは異なり、本革製品は使えば使うほどに固有の味が出てくる。まさに〝時を積み重ねていく〟というコンセプトにぴったりの素材だと鮫島さんは語る。

とはいえ、独立して単身エチオピアに渡ってから商品として世に出せるクオリティのものが出来上がるまでには、二年の歳月を要した。職人と信頼関係を築くまでには、何度も喧嘩《けんか》もした。それでも、何とか日本のマーケットに出せるクオリティのものをつくり上げることができた。二〇二二年二月でブランドの立ち上げから丸一〇年。いまも大変なことは後を絶たないが、なんだかんだで楽しみながらやっているそうだ。

「起業してから自分の性格に気付いたんです。大変なことはあるんですけど、もう無理だと思った時ほどめちゃくちゃ燃えるんですよね。なんかアドレナリンが出るんです。この一〇年は本当にあっという間でした」

職人たちと鮫島さん

皆の幸せが自分の幸せになる

近頃、日本でも「エシカル」という言葉を耳にするようになった。日本語にすると「倫理的」「道徳的」といった意味になる。「エシカルファッション」や「エシカル消費」など、主に環境保全や社会への配慮といった文脈で使われる言葉だ。鮫島さんは、この言葉についてどんなふうに捉えているのだろうか。

「最近はエシカルだけでなく、SDGsやソーシャルグッドなど、いろいろな新しい言葉が使われています。ただ、個人的には言葉はそこまで重要ではないと思っています。それよりどんな世界を作りたいか、一人ひとりが深く考えていくことが大切だと思うんです。

私たちの社会は、自分一人が幸せならそれでよいという価値観を捨てきれずにここまで来てしまいました。しかし、これからは皆の幸せを目指すことが、自分の幸せになる時代だと思うんです。おそらく、新型コロナウイルス感染対策の経験から、『自分の隣もその隣も、皆が健康で安全でなければ、自分の健康や安全は守れない、自分一人だけよければいいなんて成り立たない』ということに多くの人が気付いたはずです。

ただ、世界はエシカルとアンエシカルがきれいに境界線で二つに分かれているわけではありません。各自がそれぞれの立場でよりよい社会を構築するために何ができるかを考え、具体的につくり上げていくなかで、多様な価値観や新たなアプローチが生まれてゆくべきだと思います。ダイバーシティ（多様性）って性別や民族だけではないはずですよね」

鮫島さんの話のなかで、特に印象的だったのは、本職であるファッション業界の倫理観についての意見だった。

「私にとっては、どうすればファッションの大量生産・大量消費をやめることができるかが最大の課題なんです。いまファッション業界では、それこそエシカルという言葉を掛け声にしてアップサイクリング（創造的再利用）や自然エネルギーの活用、売上の寄付といったことが盛んにいわれていますが、いくらそうした取り組みを謳ったところで、大量生産・大量消費をやめない限りは詭弁《きべん》だと思うんです。

例えば、一万円のバッグを一〇個売るのと一〇万円のバッグを一個売るのとでは、売上は同じ一〇万円でも、使う資源の量や環境に与える影響はまったく違ってきます。ですから私たちのチャレンジはもっとたくさん生産するとか、店舗をたくさん展開するとか、増やせるだけ雇用を増やすといったところにはありません。必要な分だけ生産すること、長く大切に使っていただけるようお客様にも働きかけること、それでいてビジネスがきちんと継続するように新しい仕組みを考えていくことなんです」

ここにもシン・仕事論があった。嗔と慎。どちらも「しん」と読むが、嗔は怒る。彼女は自分が属しているファッション業界に怒っている。そして、慎。彼女は一方で慎《つつし》みというのを大事にしようとしているように思えた。現代人は安くて品質の良いものをどうすれば大量に作れるかを考えてきたが、果たしてそれで自分も周りの人も幸せになれたのだろうか。必要な分だけ生産し、長く大切に使ってもらう商品をお客様に届ける。それでいてビジネスが成立する仕組みをつくる。これこそが持続可能なビジネスの形なのではないだろうか。

生産力は知名度にも直結する。鮫島さんはそのことに無自覚なわけではない。ブランドとして知名度は最も重要だ。どれだけ素晴らしい哲学を持っていても、発信力がなければ社会をよりよくしていくことはできない。そんなことを考えている時に実現できたのが、企業コラボレーションだった。アンドゥアメットはこれまで、全日空のファーストクラスやビジネスクラスの機内で販売されたり、スターバックスやほぼ日手帳とコラボレーションをしたりしているのだ。

「私たちのような小さなブランドは発信力に乏《とぼ》しいので、自社だけでは社会的インパクトが限られてしまいます。大企業とのコラボレーションを行うことによって、フェアトレードやサステナビリティ（持続可能性）という概念や私たちの使命について、自分たちだけではリーチできないような幅広い層に知っていただくことができました」

売上規模の拡大より付加価値の追求を

最後に今後の展望を聞いた。

「売上規模をひたすら拡大するといった横軸だけの成長には興味がありません。それよりも、どこまで付加価値をつけられるか、社会的なインパクトを出せるかといった縦軸の成長に興味があります。〝ラグジュアリーブランド〟を標榜《ひょうぼう》しているのですが、まだまだ自分が理想としているところには程遠いので。ありがたいことに、『ホントにこんなに素晴らしいものをエチオピアで作ってるの?』と言われることもありますが、エチオピア一、アフリカ一ではなく、世界一を目指していきたいです」

今後は、新たな事業も予定しているとのこと。

彼女のデザインしたバッグは、美しい。そして機能的。使いやすい。僕が買ったのは小物のバッグだが、ずっと長く、愛用できると思った。

じつは鮫島さん本人の口からは一切触れなかったが、彼女は渋沢栄一《しぶさわえいいち》の玄孫《やしゃご》にあたる。

彼女の仕事論は、買い手よし、売り手よし、世間よしの三方よしの見事な実践になっている。

鮫島さんのような信念を持った起業家が世界を舞台に活躍する。それこそが、これからの日本の希望ではないだろうか。

第3章

シン・逆張り的生き方

福島で新しい自己が編み直された。

二〇二〇年十一月、柳美里《ゆうみり》さんの『JR上野駅公園口』の英訳版『Tokyo Ueno Station』が、アメリカの「全米図書賞」（翻訳文学部門）を受賞した。

柳さんは東日本大震災の直後から、福島県の南相馬市に通い始めて、二〇一五年に移住する。僕が柳さんと初めて会ったのはまさにその直後のことだった。ここでは柳さんに、改めて南相馬に移住することになった経緯から話をしてもらった。移住もその後の「フルハウス（柳さんが営むブックカフェ）」のオープンも、予《あらかじ》め計画していたことではなかったという。

「震災の後、最初に福島に来たのは二〇一一年の四月二十一日で、その日は東京電力福島第一原子力発電所から半径二〇キロ圏内が警戒区域に指定される前日でした。当時は鎌倉で暮らしていたんですけど、テレビで枝野官房長官（当時）が警戒区域について発表するのを聞いて、立ち入り禁止になる前に二〇キロ圏内を見ておかなければ――と福島に向かったんです。

楢葉町《ならはまち》は、すでに検問所ができていました。桜並木が有名な富岡町の夜ノ森や、津波の被害が大きかった浪江町《なみえまち》の請戸《うけど》を歩いて、それらの地域が警戒区域になる翌二十二日の午前零時を、福島第一原発の正門前で迎えたんです。

その後、頻繁に南相馬市に通っているうちに、臨時災害放送局『南相馬ひばりＦＭ』のディレクターから『南相馬に通っているなら、番組を担当してもらえませんか』との依頼を受け、私が毎回、地元住民ら二人のお話の聞き手を務める『柳美里のふたりとひとり』という番組が二〇一二年二月から始まったんです。

柳美里さん

この番組は二〇一八年三月まで続いて、合計六〇〇人もの方々にお話をうかがいました。

番組で皆さんの話を聞いているうちに、自分が鎌倉という〝安全圏〟で暮らすことにやましさというか、心苦しさを感じるようになりました。というのも、皆さんの悩みは日々の暮らしのただ中にあったんです。

当時はまだ放射能の問題があって、そもそも南相馬で暮らしていてよいのか。ひとまず避難したけれど故郷に戻ってよいものか。戻ったとしても仕事がなくなってしまった地元で果たして生活が成り立つのか――。そんな悩みを聞いていく過程で、皆さんと暮らしを共にして〝同苦〟することから始めるべきではないかと思うようになり、移住したんです」

では、書店を開くことになったのはどういう経緯だったのだろうか。

「番組に地元の小高工業高校の先生が出演してくださったことを契機に、同校で現代国語の時間に講義をすることになりました。そのうちに、二〇一六年の七月に小高区の避難指示が解除され、翌一七年四月には小高工業高校と小高商業高校が統合して小高産業技術高校が開校します。

同校の生徒の大半は小高駅を利用するのですが、常磐線は本数が少ないので駅舎で時間を潰《つぶ》さなければなりません。また、避難指示解除後も帰還する事業者が少なく、夜になると通学路が真っ暗になります。電車を待つ時間はもちろん、何かあった時に高校生たちが飛び込めるようなお店があればと考え、書店を開こうと心に決めたんです。

二〇二二年にはカフェを増設しました。地元の方々から軽食をとれるカフェがほしいとの声が上がっていたので、常磐線の全線開通のタイミングに合わせて、二〇二二年三月にブックカフェとしてリニューアルオープンしたんです」

普通は人通りの多いところに店を構えるのが一般的な発想だろう。小高駅の周辺は、夜になると通学路が真っ暗になる。冬は寒い。そんな中に灯《あか》りが灯《とも》っている書店があったら、その中で本を眺めたり、カフェがあったら救われる人がいる。まさに、逆張りの発想だと思った。

自分の中に流れ込んでくる他者

柳さんによると、「フルハウス」には、本を切実に必要とする住民が来店するという。彼女の「被災地では、人だけでなく、本も被災しているんです」という言葉が印象的だった。津波で家ごと流されてしまっただけでなく、原発事故による避難中にネズミやイタチ、アライグマ、ハクビシン、イノシシなどが住家に入りこみ、地震で床に散乱した本の上に糞尿《ふんにょう》をし、廃棄せざるを得なくなるといったことがあったのだ。「フルハウス」のオープン直後に来店した人のなかには、本棚を見上げて胸に手を当て、「木と紙の匂いがする。奇麗ねぇ」と涙ぐむ高齢女性もいたそうだ。「フルハウス」を僕も何度か訪ねたことがある。何より美しい書店だし、本が陳列された棚からは「フルハウス」にしかない哲学みたいなものを感じた。

「内装はシンプルにして、選書はパターン配本を採っていないんです。パターン配本って、年齢層や地域でどんな本が売れるかというデータをもとに取次店が構成しているんですが、

『フルハウス』では一冊一冊すべて、私が選ぶか、あるいは私と親交のある小説家や劇作家や評論家や映画監督などに選んでもらっています。鎌田さんにもお願いをして……」

僕は「十代に戻ったら読みたい二〇冊」というテーマで本を選んだ。

「責任と誇りを持って棚に置ける本しか選んでいないので、実はこれまでに一冊も返本したことがありません。『いつ来ても、ほとんどの本が同じ場所にあるのが嬉しい』とおっしゃるお客さまもいますね」

パターン配本は、便利で合理的だ。しかしパターン配本を利用しないことで、書店はエッジが利いてくる。ここにも柳美里の逆張りの発想が垣間《かいま》見えた。

「フルハウス」には、遠方からも来客があり、リピーターもいる。柳さんによると、相双地区は原発事故によって広大な無書店地帯になってしまったという。だから、「フルハウス」には南相馬市民のみならず、双葉郡に帰還した人々もやってくるのだ。コロナ以前には、東北各県はもちろん、関東や関西、九州や北海道から飛行機で訪ねてくる人もいたそうだ。

「フルハウス」の近くには「双葉食堂」という美味しいラーメン店があった。「フルハウス」でコーヒーを飲みながら買った本を読んだりして、お腹が空いたら「双葉食堂」に行く。時が経ち、残念ながら双葉食堂は閉店になった。そして、フルハウスの裏にあった作業小屋は、小さな劇

カマタが選んだ「もし自分が10代に戻ったら読みたい20冊」コーナー

場「レインシアター」としてオープンした。小高区はいまも帰還者が少なく、高齢化が進んでいたりと大変な地域だが、「フルハウス」の周辺には良い空気が流れている気がする。

僕は一人の柳美里ファンとして、こんなことを感じている。多くの作家がそうしたように、柳さんもずっと鎌倉で本を書いていくのかと思っていたら、彼女は想像もしなかった南相馬に移住した。たくさんの人々が南相馬を離れて、なかなか戻ってこない状況のなかで、柳さんの選択に救われた地元の人は少なくないはずだ。その一方で、南相馬に移住したことで、柳美里自身も救われている部分があるのではないか――。

柳さんは胸のうちを語ってくれた。

「私は、他者との交流がないと窒息《ちっそく》してしまうのが人間の魂だと思っています。相双地区は人と人との垣根《かきね》が低いんですよね。都会と違って家族的な隣組《となりぐみ》がいまも機能しています。『麻婆豆腐作ったから温かいうちに食べて』とか『お新香がうまく漬かったから食べて』とか、インターホンも押さないでガラッと玄関を開けて入ってこられたりするんです。大晦日《おおみそか》に煮豆を持ってきてくださった方に年が明けてお菓子をお返しすると、またお返しをしてくださって。そんなやり取りを四回くらい続けていると、最後は『お母さんの形見の帯をもらってちょうだい』って。(笑)

都会の人からすれば、自分の空間や時間が侵食《しんしょく》されると感じるかもしれませんけれど、私としては他者が自分の中に流れ込んでくる感じがおもしろくて心地よいんです。小説家って自分の中に流れ込んでくる他者を描くのが仕事ですからね」

——過ぎない時間と終わらない時間

柳さんは、二〇一八年に四半世紀ぶりに自身が主宰する劇団「青春五月党」を復活させ、高校生らと公演を行った。僕が見るに、当時は〝震災疲れ〟みたいなものを多くの人々が感じ始めていた時期だったが、芝居に関わった人たちがどんどん元気になっていく様子が伝わってきた。柳さんもそれまでの傷が癒されたのではないだろうか。

「悲しみって、溜め込んでいくと、水位が増して溺《おぼ》れそうになったり、心が塞《ふさ》がってしまったりする。演劇は、その悲しみを流す水路として有効だろうと思っています。

劇場は現実のなかに存在していながら、ひとたび演劇が始まると舞台には現実ではない世界が出現する。そこでならば、日常生活のなかでは口に出せない痛苦を声にすることができる。そして、それを受け止めてくれる観客もいる。『青春五月党』の復活公演は、悲しみの水路を作るという仕事だったのかなと思っています」

柳さんの『ＪＲ上野駅公園口』が発売されたのは二〇一四年。柳さんと話をしていて僕の脳裏に浮かんだのは、彼女自身が南相馬に通ったことが、どの程度、作品に影響を与えたのかということだった。

「私はどちらかと言えば複雑な家庭で育ち、そんな家庭環境で作り上げられた自己に苦しんで生きてきました。ただ、よく考えてみると、自己というのは他者によってできているんですよね。子どもは男女が交わり合って生まれるわけですし。

『ふたりとひとり』で皆さんの話を聞き、新たな他者が自分の中に流入してきたことで、それまでの自己がほどけて、新しい自己が編《あ》み直されていった感じがするんです。『ＪＲ上野駅公園口』は二〇〇六年に構想し始めて、南相馬に通い出した時点では書きかけだったんですが、この地で出会った他者を新たに編み込んで一つの作品として完成しました」

構想し始めたのは、いまから一五年以上も前のこと。天皇や皇族が上野の美術館や博物館を訪れる際に行われる「特別清掃」を取材したのがきっかけだったという。「特別清掃」は「山狩り」とも呼ばれ、公園内で暮らすホームレスの小屋を撤去する。柳さんが実際にホームレスに話を聞くと、上野公園には集団就職や出稼ぎで上京してきた東北出身者が多いということがわかったそうだ。そこから小説を構想し始める。

僕がこの作品のなかでとても印象に残っているのは、その書き出しだ。散文というよりも詩のような文体で綴られている。「呻」という字が頭に浮かんだ。「しん」とも「うめく」とも読む字だ。梅木のような文体だと僕は勝手に思った。あれは主人公の息遣いのようなものを意識しているのではないかというのが僕の考えだったが、そこにはあまり意図がなかったという。

「文体については特に意識はしません。プロットも全く作らないで、一行一行思い浮かんだものを書いていています。一ついえるのは『JR上野駅公園口』は、初めてパソコンではなくてスマホで書いたんです。

南相馬に通い始めたことで移動の時間が増え、しかも当時の常磐線は原発事故だけでなく、津波による寸断《すんだん》エリアもありましたから、何度も代行バスを乗り継ぐしか交通の手段がなかったので、細切れの時間を有効に使うためにスマホで書き始めたんです。大きな余震なども含めていつ避難が必要になるかわからない状況だったので、パソコンの前に座って原稿を書けなかったというのもあります。なので、ツイッターで非公開のアカウントを作って、スマホで一四〇字ずつ書きました。その影響はあるかもしれません」

『ＪＲ上野駅公園口』は、何よりエンディングシーンが良いのだけど、読者にもぜひ自分で読んでもらいたいので、ここでは詳しく触れないことにする。そのうえで、僕が好きなシーンがあと二つある。一つは主人公がキャバレーのホステスに白い薔薇《ばら》を持っていくところ。とても美しい光景だ。もう一つのシーンは、主人公が孫娘に手紙を残して郷里を去るところだ。なんとも不器用な人だなと思いつつも、彼の気持ちもわかるような気がした。

「いったん『ホームレス』というレッテルを貼ってしまうと、街を歩いていてその姿が視界に入ってきても、大半の人はなるべく見ないようにするでしょう。だけど、ホームレスの方々にも子ども時代があって、青春時代があるわけです。喜怒哀楽だってあるし、郷里への思いもある。『ＪＲ上野駅公園口』では、『ホームレス』というレッテルからは見えてこない一人ひとりの人生を、小説によって辿り直したいと思ったんです」

「時は、過ぎない。時は、終わらない」――。これは『ＪＲ上野駅公園口』のなかに出てくる一節だ。この言葉には、どんな意味が込められているのだろうか。柳さんに聞いてみると、こんな話をしてくれた。

「時間って同じ速度で確実に過ぎていくものと認識されています。時計の目盛りやスケジュール帳の枠は一定ですしね。だけど、被災地の人々にとっての二〇一一年三月十一日は、その他の一日と同じ枠に収まるわけがないし、過ぎ去りもしない。自分の人生を振り返ってみても、過ぎない時間や終わらない時間があるように思うんです」

――見て、歩いて、感じてほしい

全米図書賞を受賞した時、柳さんは「ホッとした」そうだ。最終候補の五作品に選ばれるとすぐに福島県の地元紙が報じ、「フルハウス」の客からも期待が寄せられて、ものすごいプレッシャーを感じていたのだ。発表の前日には気分が悪くなり、「受賞に期待をかけてくださっている人たちをがっかりさせたくない」と思って、食事も喉を通らなかった。その分、喜びもひとしおだったに違いない。

「ビデオ通話の画面に映った翻訳者のモーガン・ジャイルズさんが涙を流して喜んでいる姿を見て、受賞を実感しました。彼女はまだ若くて、今回が初めての一冊丸ごとの翻訳だったんです。

『フルハウス』には、地元の方々が詰め掛けてくれました。取るものもとりあえず、自分の畑から抜いた大根やニンジン、ブロッコリーとかを、新聞紙に包んで持ってきてくださって。手土産を買うためにスーパーに行くと時間がかかるし、かといって手ぶらでも行けないということで、なかには冷蔵庫から納豆を持ってきてくださった方もいました。(笑)

皆さん、マスクを着けていたんですけど、まるで自分が受賞したかのように涙ぐんで喜んでくださったので、それが本当に嬉しかった」

言わずもがな、コロナ禍は世界中に影響を与えている。柳さんの周辺には、どんな影響が出たのだろうか。

「この地域は過去に一度、実質的なロックダウンを経験しています。原発事故による〝屋内退避〟です。あの時も、老若男女がマスク姿でした。若い子育て世代が他県に避難して、残ったお年寄りたちは、盆暮れに子や孫に『帰っておいで』とすらいえない状況が続いたんです。それが徐々に復興を遂げ、ここ数年で若い人々が少しずつ戻ってくるようになったと思った矢先のコロナです。新型コロナウイルスのパンデミックは、他地域よりも大きな絶望を原発周辺地域にもたらしています。

原発事故前の南相馬市小高区には、一万二八四二人が暮らしていましたが、現在は最新の数で三七四七人です。原発事故で少子高齢化が急速に進み、孤独死や自死の問題に直面しているこの地域にとって、人と人との『密』は命綱なんです」

だからこそ、演劇や小説などの文化・芸術が持っている力が大切になるのだろう。僕がそう言うと、こんな言葉が返ってきた。

「演劇をめぐる状況はなかなか厳しいものがありますが、私は諦めてはいません。慎重に、丁寧に演劇公演の準備を進めています。

演劇と違って、本は、家に籠《こも》っていても読めますね。本の表紙を開いて最初のページを『扉』と呼びますが、私はこの言葉には大きな意味があると思っています。

八方ふさがりみたいな状況の時に本の扉をめくると、そこには別の世界があり、語り掛けてくれる人がいる。著者と二人きりの親密な時間を持つことができるし、小説であれば登場人物の人生に触れられる。それは『あなたは一人ではない』というメッセージでもある。小説は、絶望をすり抜けるためのもう一つの世界を示すことができるのです」

コロナ禍はまだまだ続くだろう。そんななか、二〇二一年三月で東日本大震災から一〇年の節目を迎えた。その点について、柳さんはどんなことを考えているのだろう。

「南相馬では『一〇年が過ぎたらいよいよ忘れられてしまうのではないか』といった不安の声が多い。緊急事態宣言の中では県外の方々の被災地訪問は難しいでしょうから、せめていまいらっしゃる場所で被災地のことを思っていただきたい。そして、感染収束の兆《きざ》しが見えたら、是非常磐線に乗って南相馬に来ていただきたい。やはり、お一人お一人に、見て、歩いて、感じていただきたいのです。

他の路線とは、雰囲気も違います。基本的には空いてますし、上野駅を出ると靴下を脱ぎ始めるおじさんとか、日本酒のワンカップを開けるおじさんとかがいる（笑）。故郷に帰ることができる安堵感というか、もはや家の延長みたいな雰囲気があるんです」

読者の皆さんには、ぜひとも『JR上野駅公園口』を読みながら常磐線の旅をしてもらいたい。「フルハウス」は小高駅から徒歩三分だ。

「鹿島駅で降りていただければ、主人公の出身地である八沢《やさわ》地区にも行けます。津波によって壊滅的な被害を受けた地域でもあるので、海の近くの慰霊碑《いれいひ》に手を合わせていただきたいと思います」

繰り返しになるが、僕はかねて柳美里小説のファンだった。初対面は二〇一六年。南相馬でのイベントに、柳さんと鎌田が呼ばれ、終了後に雑誌の企画で対談した。以降、「フルハウス」

のことなど、彼女の挑戦に共鳴し、ささやかながら応援を続けてきた。

幼い頃に壮絶な家庭環境で育った彼女は、十六歳で家を出て、劇作家の東由多加さんが主宰する劇団「東京キッドブラザース」に入団した。東さんは十六歳の彼女にこう言ったという。

「あなたはいままで体験した家族や学校のことは、全部マイナスだと思っているけれども、表現の道に進むならば、それがプラスになる」

十八歳で戯曲、二十四歳で小説を書き始め、二十八歳の時、『家族シネマ』で芥川賞を受賞。芥川賞作家が、首都圏を離れ、南相馬へ移住した。見事な逆張りの発想だ。そして『JR上野駅公園口』では全米図書賞を受賞した。これが福島の人たちにどれほどの勇気を与えたか。

二〇二一年二月十三日深夜、宮城・福島地域を再び大地震が襲った。柳さんの自宅や「フルハウス」にも少なからぬ被害があったようだ。一日も早く被災地に安穏の日々が訪れることを祈るばかりだ。

山形で紡がれていく〝奇蹟〟の積み重ね。

人々の命と暮らしを守るためには、医療も大切だし、経済活動も大切だ。そのうえで僕は、コロナとの見えない長期戦には文化・芸術の力が欠かせないと思っている。なぜなら、戦いが複雑化し、潜在化し、長期化すればするほど、肉体的な疲労や衰えだけでなく、精神的な疲弊がより深刻になってくるからだ。

文化・芸術は、人々の心を励まし、危機的な状況を耐え抜く力を育んでくれる。僕はこれまで、日本各地の被災地やイラクの難民キャンプなどで、そんな場面を幾度となく目の当たりにしてきた。

コロナ禍のただなかにあった頃、文化・芸術の担い手たちが大変な思いをしていた。アーティストがコンサートを開催しようとしても、感染拡大防止の観点からすべての席を埋めることはできない。となれば当然、収益だって少なくなる。アーティストだけでなく、コンサートホールやライブハウスも危機的な状況と言える。そんな現状を踏まえて、文化・芸術の担い手たちに光を当てたかった。僕なりに、彼らへの応援の意味も込めて。

二〇二〇年十一月、僕は講演会のためにサックス奏者の坂田明《さかたあきら》さんと山形県に足を運んだ。会場は、山形市内にある劇作家・井上ひさし（一九三四年―二〇一〇年）さんゆかりの劇場「東ソーアリーナ」。初めに、ここについて取り上げようと思う。

この劇場の前身となる「シベールアリーナ」が完成したのは、二〇〇八年のこと。故郷の山形に「びっくり箱」のように楽しい場所を作りたい。そんな井上さんの構想がすべての始まりだった。

井上さんのこの構想に、同市の洋菓子会社「シベール」の熊谷眞一社長（当時）が共感したことで、劇場の建設が動き出す。熊谷さんは劇場を含めた複合文化施設の建設のために、巨額の私財を投じた。そこには、劇場の他にこちらも井上さんゆかりの図書館「遅筆堂文庫山形館」が併設されている。

一方の井上さんは、世界の約二〇〇〇人の劇場支配人にアンケートを実施し、「世界標準の劇場」を目指した。どの席からも舞台上の役者の目の動きがわかるような規模にすること。台詞が聞き取れるよう、音が響き過ぎない構造にすること。劇場には、演劇のための井上さんの細かなこだわりが詰まっている。

開館からまもなくすると、最初の大物ゲストとしてノーベル賞作家の大江健三郎さんが来館し、講演を行った。そしてそれ以来、永六輔さんや大竹しのぶさん、加藤登紀子さんなど、井上さんと親交があった多くの著名人がこの劇場の舞台で講演や演劇、演奏などを行ってきた。まさに井上さんが構想した「びっくり箱」として、地域にとっての文化・芸術の発信源となってきたのだ。井上さんの中には、もしかしたら「シン・文化論」があったのかもしれない。新しくて、深くて「芯」のあるシン・文化論への挑戦があったのではないかと僕は思った。

そんな「シベールアリーナ」に存続の危機が訪れたのは、開館から一〇年が過ぎた頃のことだった。劇場を含めた施設の運営は、開館の翌年に設立された公益財団法人「弦地域文化支援財団」が担い、「シベール」は命名権スポンサーとして運営費を負担していた。その「シベール」が、経営難によって二〇一九年一月に民事再生手続を申請。新たな命名権スポンサーを探さなければならなくなったのだ。

奇蹟が一秒でも長く輝くように

スポンサー探しは難航した。財団の事務局長を務める遠藤征広《えんどうまさひろ》さんは、井上さんの思いを絶やしてはならないと、募集要項を約一〇〇〇社に送ったものの、民事再生手続の申請から一年が経っても救世主は現れなかった。

ところが二〇二〇年三月、事態は急展開を迎える。山口県で化学品やセメントを扱う企業で、山形県にも八つのグループ会社と一四の拠点を持つ「東ソー」が、支援に名乗りを上げた。そして、四月より「東ソーアリーナ」として再出発することになったのだ。

アリーナのロビーには、二〇〇八年の開館の際に井上さんが寄せた肉筆の原稿用紙が掲示されている。そこには、井上さんの独特の丸い文字で、アリーナや図書館に対する思いが綴られている。

「金もうけ第一主義と自分さえよければいい主義が全盛の昨今には珍しい奇蹟である。この奇蹟を一瞬の美談だけで終らせてはいけない、だいたいそれではもったいない。例えばわたしは蔵書と演目を持ち寄って奇蹟が一秒でも長く輝くよう努めよう」

アリーナの設立が「奇蹟」ならば、名称を変更しての再出発もまた「奇蹟」と言えるだろう。さらに言えば、遠藤事務局長らも含めた文化・芸術を大切にしようとするすべての人々による「奇蹟」の積み重ねが、この施設を存続させているのだ。

僕が最初に「シベールアリーナ」から講演依頼をいただいたのは、確か二〇一五年のことだった。噂には聞いていたので、ぜひ足を運びたいと思っていたのだけど、なかなかスケジュールの都合がつかず、結局初めて訪問したのはそれから三年後の二〇一八年十一月となった。初訪問の決め手は、加藤登紀子さんから「一回行ってあげてよ」と念を押されたことだった。

初めて訪れた際に、地方にこれだけの水準の文化施設があるのかと、感銘を受けたことをよく覚えている。まさに「奇蹟」だと思った。それ以来、知人のアーティストに声をかけて、舞台上でトーク＆ライブを行うのが恒例となった。

遠藤征広さん（撮影＝Kohei Shikama）

現在、最初に施設の設立に手を挙げた「シベール」の熊谷さんは財団の代表理事となり、遠藤さんは引き続き事務局長を務めている。二人とも文化・芸術を大切にする思いが強いのだけど、とりわけ遠藤さんの来し方がおもしろい。

生まれは井上さんと同じ山形県の川西町。高校生の頃に井上ファンとなり、二十代後半で本人に熱烈な手紙を書いて、地元の川西町で井上さんの講演を実現させた。その後は、千葉県の井上宅に住み込みで働くようになり、井上さんが主宰した劇団「こまつ座」の立ち上げにも尽力した。さらには、井上さんの蔵書を用いて川西町に「遅筆堂文庫」を設立。同文庫には、その後も井上さんが二一年間にわたって本を寄贈し続け、その蔵書数は約二二万冊を数える。ちなみに、アリーナに併設されている「山形館」は、ここの分館という位置付けだ。

遠藤さんは現在、「東ソーアリーナ」だけでなく、「遅筆堂文庫山形館」の運営も一手に担っている。「山形館」には、井上さんの蔵書が約二万五〇〇〇冊収蔵されている。遠藤さんによると、生前の井上さんはこの「山形館」を絵本・児童書に特化した図書館にしたいと構想していたという。

「しかし、当時の私はアリーナのオープンに向けた仕事で手一杯で、井上さんの思いを、すべて抱えきる時間的な余裕がありませんでした」(遠藤さん)

川西町に「遅筆堂文庫」が開館したのは、いまから三〇年以上前のこと。当時、井上さんは遠藤さんに会うたびに「司書の資格を取りなさい」と言っていたそうだ。そんな井上さんの言葉に、三十三歳だった遠藤さんは一念発起。横浜の大学で三カ月の夏期講座を受講し、なんとか資格を取得した。

「その時の滞在費と受講費のすべてを井上さんの財布から出していただきました。それなのに、最晩年の大切な時に、井上さんの期待に添えなかったことをいまも悔やんでいます。ただ、井上さんはそんな私にきっとこんなふうに声をかけてくださるはずです。〝遠藤さん、気付いた時が始まりですよ〟と。生前に学ばせていただいたことを生かして、井上さんの願っていた図書館に近づけていきたいと思っています」

音楽がなかったら人の心が飢える

ジャズ界のレジェンド・坂田明さんとともに「東ソーアリーナ」の舞台に立ったのは、今回で二度目だった。最初にご一緒したのは二〇一九年の秋。アリーナのホールを気に入ってくださったのか、二〇二〇年も僕が声をかけると、二つ返事で出演を承諾してくれた。

新型コロナの影響で海外ツアーが行えなかったものの、現在も世界を舞台に最前線で活躍する坂田さんは、井上さんがこだわった舞台をどんなふうに感じたのか。今回のステージの前に、一九年の率直な感想を聞いてみた。

「芝居用のホールですよね。音的には、ちょっと響きが足りない感じがします。だけど、感じとしてはとても良いホールですよ」

さすがは世界の坂田。たった一度のステージで、井上さんの〝狙い〟を見事にピンポイントで言い当てた。

坂田さんがその名を一躍世間に知らしめたのは一九七二年の暮れ。山下洋輔トリオに加わった時だった。本人は、当時のことをこう振り返る。

「広島から東京へ出てきて、フリージャズをやるんだったら山下トリオを通り抜けなければならないと思ってたの。そしたら、たまたま通り抜けることになった。七二年に拾ってもらって、七九年まで。それは運が良かったとしか言いようがない。

ただね、山下さんは国立音大の作曲科でしょ。それに、ドラムの森山威男さんは東京藝大の打楽器科だよ。そんな二人と一緒にやる俺は、広島大学の水産学科。もうね、対応のしようがないのよ。だから、やけくそでやるしかなかった。いま思えば、それが功を奏したのよ」

一定の世代より上の人たちは記憶にあると思うが、当時の山下洋輔さんといえば、筒井康隆さんや赤塚不二夫《ふじお》さんらとの交流を通じて、サブカルチャーのシーンを賑わせていた。坂田さんもそのなかの一人として、芸の〝才能〟を発揮し、タモリさんの持ちネタとして知られる言葉遊び「ハナモゲラ」を生み出した。

「当時は死にそうになるほど真剣に演奏をやって、終わったらいつも山下さんたちとバカ騒ぎをやってたね。その時も、山下さんと森山さんはやっぱり音大卒だから、くだらないなりに、コーラスとか連弾とかをやっちゃうわけよ。その頃の俺はサックス以外できなかったから、何かやらないと対抗できないと思って、ハナモゲラを発案したの」

ちなみに、坂田さんは現在も、スキャットでデタラメなことを言うパフォーマンスをやることがある。これがハナモゲラよろしく、わけがわからないんだけど、本当にうまい。あと、坂田さんがおもしろいのは、長年にわたって趣味でミジンコの研究をしているところだ。ミジンコに関するいくつかの著作もあるし、夜な夜な顕微鏡を覗くのが楽しいそうだ。

そんな坂田さんと僕の付き合いは長い。二〇年近く前に、僕が会長を務めていた学会で演奏をしてもらったのが最初だったと記憶している。それ以来、坂田さんとは何度もトーク&ライブをしてきたし、チェルノブイリにも一緒に足を運んだ。

坂田明さん

坂田明のジャズCDをプロデュースする

僕は二〇〇六年にチェルノブイリやイラクの子どもたちの薬代を集めるために、「がんばらない」という音楽レーベルを立ち上げた。インディーズでやりたかったのは「シン・がんばらない」。このシンは「沁」。

沁みるようなCDを激しい坂田さんとつくりたかったのだと思う。坂田さんはここで『ひまわり』と『おむすび』という二枚のアルバムを制作してくださった。『ひまわり』はこれまでに四万枚を売り上げ、およそ五〇〇〇万円が子どもたちの薬のために使われている。

実は、このCDの話を僕が坂田さんに持ち掛けたのは、チェルノブイリに向かう列車のなかでのことだったのだけど、話を聞いた坂田さんはまったく乗り気ではなかった。

「というより、嫌だったよね。確か最初、鎌ちゃんは『いのち』ってタイトルで考えてたんだよ。俺はフリージャズなんかをやってる極道なんだから、そんなもの恥ずかしくてできるわけないって断っちゃった。でも、帰りの道中でもまた言ってくるわけよ」

坂田さんは『ひまわり』に収録した「見上げてごらん夜の星を」や「遠くへ行きたい」といった曲も決して嫌いではなかった。実際にチェルノブイリに足を運んだ帰りというタイミングだったこともあって、結果的に引き受けてくれたのだ。

「鎌ちゃんの熱意が俺に伝わったの。帰り道で気持ちも高ぶってたしね。そういう時にしかできないものってあるんですよ。あれは本当に、鎌田實のふんどしで相撲を取ったような話だね。鎌田實のせいにして、普段はやらない音楽をやる。それも一つの手かなと思った。やって良かったですよ」

東ソーアリーナ

ジャズ界のレジェンドであっても、コロナ禍の影響は大きかったようだ。二〇二〇年春に予定していたヨーロッパツアーはすべてキャンセル。持続化給付金などを申請して、何とかやりくりしてきた。坂田さんは、コロナ禍を受けて各国の文化・芸術に対する姿勢が浮き彫りになったと言う。

「ドイツは文化政策でアーティストに対して〝私たちはあなた方を見捨てない〟というメッセージを発し、いちはやく支援策を打ち出した。それに比べて日本はというと、陳情なんかがあって初めてアーティストたちに支援が行われることになった。

ここに文化・芸術に対する基本的な考え方の違いがある。音楽がなくても飯さえ食えればよいと考えるのか。あるいは音楽がなかったら人の心が飢えると考えるのか。やっぱり、日本の文化・芸術に対する認識は貧困だと思ったよね」

最後に、坂田さんは「東ソーアリーナ」について、こんな話をしてくれた。

「鎌ちゃんも一生懸命に応援してるし、遠藤さんもがんばってる。なんか、人の気持ちが集まって良い形になるっていうのは本当に大事だから、そういうものは大切にしたいんだよね」

坂田明のフリージャズは破壊的だ。それが彼の魅力だということも重々わかっている。しかし、逆張り的発想をしてしまう僕は、その坂田明に温かくて優しいジャズを坂田節で演奏してもらいたかった。

坂田さんが呼びかけたことで、一流のジャズマンが集まった。そして、CD『ひまわり』は奇跡のように生まれた。ジャズCDでは異例の四万枚を超える大ヒット。発売から一〇年を経ても、いまなお売れ続けている。利益は全て僕が関わっている日本チェルノブイリ連帯基金に寄付され、チェルノブイリ原発事故の被曝地支援などに充てられている。

文化とは日常生活の積み重ね

僕が「東ソーアリーナ」を訪問する際に、必ず泊まっている旅館がある。かみのやま温泉の「古窯《こよう》」（上山市）だ。ここには文化・芸術を愛する名物女将がいる。

女将の名は、佐藤洋詩恵《よしえ》さん。山口県出身の彼女は、東京女子大学を卒業後に日本航空に入社。地上職、客室乗務員としての勤務を経て、二十四歳で「古窯」の息子と結婚し、二代目の女将となった。英語を話し、俳句を詠むというなんとも風流な女性だ。旅館のエレベーター内には、外国人観光客に俳句の奥深さを伝えるため、彼女が詠んだ句とその英訳が掲げられている。ちなみに、「古窯」がある上山市は歌人・斎藤茂吉の故郷でもある。

「古窯」は、初代女将・佐藤幸子さんが社員一人と内職で始めた宿で、二〇二二年で七〇周年の佳節を迎えた。宿を通して、「今日、この瞬間に最高の山形を」と国内外からの旅人に伝え、地方創生の一翼を担いながら社会貢献できる宿を目指している。

「古窯」の女将・佐藤洋詩恵さん

そんな「古窯」も、コロナ禍の影響を避けることはできなかった。二〇二〇年三月から客足は遠のき、五月には休業を余儀なくされた。

しかしそれでも、女将は決して悲観的にはなっていない。むしろ、困難の先にある未来を見据えて目を輝かせている。これまでに幾度となく困難を乗り越えてきた彼女からすれば、必ず乗り越えられるという確信があるのだ。

「嫁いだ頃は、どこの温泉場も、男性客の団体が主流で、宴席で挨拶だけでなく、時にはカラオケや二次会への相伴も求められることもあり、口を開けば、宿は文化の情報発信基地と言っていた私は、山形ではよそ者の生意気な異端者と言われ、雪国の風土にもなじめず、三十二歳の時には、ストレスから急に声がでなくなりました」

四十代の頃には、旅館の食事を自宅に持ち帰った高齢の客が食中毒を起こしたり、ノロウイルス（GⅡ）の感染症が発生する体験もした。

それでも女将は、生まれ育った瀬戸内への望郷の思いを、終の棲家・山形への愛郷の思いに代えて、宿に立ち続けた。

「人が好き」という女将は、「宿は日本の文化」との信念を持ち、二十一世紀は人類大交流の平和産業である大観光時代の到来を信じ、喜々として時を重ねてきた。

女将が言うように、二十一世紀は観光の時代となった。ところが皮肉にも、それがゆえに今回のコロナ禍は起きてしまった。だけど、女将は決して下を向かない。

「いまは大観光時代を迎える前の大いなる試練です。これを乗り越えさえすれば、必ずこれまで以上に交流が盛んになる。私はそう信じております」

女将がまだ若い頃のこと。「古窯」に泊まった井上ひさしさんが、彼女にこんな言葉をかけたそうだ。「女将、文化とは日常生活を集めたものだよ」と。佐藤さんはこの言葉を糧《かて》に、困難を乗り越えてきた。

彼女の逆張り人生は過酷だったが、おもしろい。逆張り的生き方は、大変だが人生そのものをおもしろくする力がある。

彼女の言葉を聞いて、やっぱり文化・芸術の力はすごいと思った。まだまだウィズ・コロナの時代は続く。だからこそ、僕たちはいつにも増して、文化・芸術を大切にしなければならないのだ。

「人口減少」でも充実して生きられるまちづくりへ。

コロナ禍によって、オンラインでのコミュニケーションやリモートワークが定着し、都市部から地方への移住者や移住相談が増えているという。例えば僕が暮らす長野県茅野市は、二〇二〇年度の移住者と移住相談が前年度を上回ったそうだ。

都市部から地方への移住は、コロナ以前から一部の人々の関心事ではあった。そこにコロナ禍による生活や仕事のオンライン化が起き、さらには密を避ける新しい生活スタイルが人々の移住への関心をこれまで以上に高めているのだろう。

コロナ禍は、間違いなく僕たちの価値観を転換しつつある。その最前線を探り、希望を持ってアフター・コロナを展望するべく、ここでは地方への移住を取り上げようと思う。

話を聞いたのは、茅野市の今井《いまい》敦《あつし》市長と、コミュニティデザイナーとしてこれまでに二五〇以上の自治体のまちづくりに携わってきた山崎《やまざき》亮《りょう》さんの二人。それぞれの話からは、いまの僕たちが大切な分岐点に立たされていることが浮き彫りになった気がする。

初めに、茅野市への移住の実態について今井市長にうかがった。茅野市には、バブル期につくられた「グリーンヒルズヴィレッジ」という分譲地がある。八ケ岳《やつがたけ》の裾野《すその》、標高約一〇〇〇メートルに位置するこの分譲地は、湿度が低く、夏は涼しいというさわやかな気候に加え、一区画が四〇〇平方メートルを超えるゆとりある敷地が魅力。茅野市が販売している。ここがなんと、昨年度、販売開始当初を除き、過去最高の販売数を記録したという。今井市長は次のように語る。

「かつては退職後のシニア層が移住者の大半を占めていましたが、近年は働き盛りの人々が増えています。例えば、グリーンヒルズヴィレッジの購入者の年齢構成を見ると、直近五年の集計では四十代が三〇パーセント、三十代が二三パーセント、五十代が一九パーセント、六十代が一八パーセント、二十代と七十代がそれぞれ五パーセントずつとなっています。

茅野市をはじめとした諏訪地域には、精密機械などの工場集積地があったことから、県外から人々が集まってくる土壌がありました。近年の特徴としては、首都圏からも移住者が増えていることです。一〇年ほど前から始めた『移住交流事業』に加えて、コロナ禍が拍車をかけた結果だと思っています」

東京への一極集中が、ずっと続いてきたが、逆張りの発想も少しずつ広がりだした。二〇二二年秋にはグリーンヒルズヴィレッジは完売となった。

市長が語ってくれた「移住交流事業」の詳細も聞いてみた。いわく、最近特に力を入れている二つのアプローチがあるという。一つは観光客へのアプローチ。もう一つはビジネスユースとしてのアプローチだ。

茅野市の今井敦市長

「昔は移住を考えている人々へのアプローチだけだったのですが、観光客も将来的に移住の可能性がある人々だと考えるようになったんです。まずは茅野市を知ってもらえる、体験してもらえるような迎え方をしています。具体的には、山歩きや山菜採り、農業体験、カヤック、e－バイクなど、茅野市のライフスタイルを体験してもらえるツアーを実施しています。

他方、ビジネスユースに向けたアプローチとしては、駅前や別荘地の管理棟にコワーキング・スペースを設置したり、宿泊施設などにテレワークの環境整備補助金を出したりしています。茅野市の夏の涼しさは北海道並みで、本州ではどこにも負けません。多拠点居住という新たなライフスタイルも視野に入れ、夏の三、四カ月だけでも茅野市で仕事をしてもらえればと思っています。

まずはお試しでコワーキング・スペースなどを使っていただき、将来的には別荘を建てたり、中古物件を買ったりしてもらえれば嬉しく思います」

ビジネスユースに向けたアプローチについては、最近では東京の多摩地域との連携を模索しているそうだ。茅野市から多摩地域の大学に通っている人は少なくない。そうした人々の大半は都内で就職する。仮に企業が茅野市にサテライト・オフィスを設置してくれれば、地元に残りたい人は残ることができる。そんな構想を実現するために、現在は「たちかわＩＴ交流会」と協働している。

〝脱埋め込み〟から〝再埋め込み〟へ

茅野市は他にも、キャッシュレス化も含めた地域通貨・ポイント制構想の策定、通学・通勤バスとＡＩ乗合オンデマンドタクシー「のらざあ」の実証実験の実施など、将来を見据えた施策を打っている。「のらざあ」という言葉は、茅野市の山側に住んでいる人たちの方言だ。「さあ乗ろうよ」というのを「のらざあ」という。何かをやろうと呼びかける時は「やらざあ」と言ったりする。

通学・通勤バスとAI乗合オンデマンドタクシーの実証実験については、国土交通省の「日本版MaaS（サービスとしての移動／移動のサービス化）事業」にも採択されている先進的な取り組みだ。

「さまざまなことに取り組んでいますが、移住促進のためには、最終的には子育てや教育の環境、医療体制、災害対応など、まちとしての総合力が問われます」

個人的には、市内に点在する縄文遺跡も茅野市の一つの魅力だと思っている。これについて、今井市長はこんな話をしてくれた。

「茅野市には、日本で最初に縄文時代の国の特別史跡の指定を受けた尖石《とがりいし》遺跡や、黒曜石が加工されていた形跡がある国指定史跡駒形遺跡など、数多くの縄文遺跡があります。駒形遺跡については、近隣の霧ヶ峰や和田峠周辺で入手した黒曜石がここに運ばれ、矢じりなどに加工されていたようです。それが北海道をはじめ全国的に交易されていたことを踏まえると、茅野市は当時の先端工業の中心地だったと言えます」

僕自身が逆張りの発想で生きてきた自負がある。東京医科歯科大学を卒業して、僕以外のほとんどの卒業生は東京に残った。僕は地域医療に貢献したいと思って、諏訪中央病院に赴任した。周囲からは「なぜそんな田舎に……」とさんざん言われた。二、三年のつもりが、ついに五〇年。いまや茅野市縄文ふるさと大使も務めている。逆張りの発想――僕自身は正解だったと思っている。

ところで、移住者が増えているのは、茅野市に限ったことなのだろうか。コミュニティデザイナーの山崎亮さんは、決してそんなことはなく、全国的な潮流だと述べる。山崎さんからうかがった話を紹介する前に、まずは少しだけ彼自身の紹介をしておく。

もともとは建築やランドスケープデザインの勉強をした山崎さんは、設計事務所に勤務していた。その頃に、モヤモヤを感じる仕事があったという。

山崎亮さん

「公園や図書館、市役所、博物館、美術館などの公共的な建物を設計する際、自治体の担当課の課長さんと打ち合わせをする機会が多かったんです。〝ここは和風のほうがいいね〟とか〝こっちは洋風かな〟とか。でも、課長さんは隣町の住民だったり、できた後に一度もその施設を使わなかったりといったことが多々あったんです」

普通の住宅であれば、住む人が使いやすい空間をつくる。公共空間ではその当たり前のことが行われていなかったのだ。そうした経験を踏まえて、山崎さんは将来の利用者となる地域の人々と話し合って設計していくべきだと考えるようになった。実に当たり前のことだと思う。そして、それを実践するようになると二つのおもしろいことが起きた。

「一つは、話し合いに参加してくれた人々が、結果的にすごくいいチームになったんです。彼らは建物ができた後、利用者をもてなす立場でその空間に携わるようになりました。

もう一つは、公共的な建物の設計以外にも、コミュニティデザインを頼まれるようになったんです。そうして総合計画や地域福祉計画、食育計画、産業振興ビジョンなどのお手伝いをするようになりました。最近では、毎年一〇～一五の自治体から新たな発注を受け、年間に四〇ほどの自治体のコミュニティデザインに携わっています」

そんな彼に最初にうかがったのは、なぜ地方への移住が増えているのかということ。山崎さんは二十世紀から二十一世紀にかけた時間の流れを踏まえて、その理由を語ってくれた。

「二十世紀はさまざまな分野で〝脱埋め込み〟が標榜されてきました。例えば、学問の世界では研究領域の細分化が進み、人々の生活においては地域コミュニティからの離脱が起こったんです。いわば皆が自由こそが正しいものと信じ、それを目指していた時代と言えます。

しかし、二十一世紀に入って都市部で寂しさを感じたり、格差がどんどん広がったりするなかで、〝どうやら自由って、そこまでいいものではない〟ということに、若者が感覚的に気付き始めます。そうして起きてきたのが〝再埋め込み〟の流れです。学問の世界では学際領域ということが言われはじめ、生活の面では自由と安心のバランスを考慮し、ＳＮＳでつながったり、田園に回帰したりし始めたわけです。

そこにコロナ禍が拍車をかけ、これまで〝脱埋め込み〟になんとなく疑問を感じていた人々が〝再埋め込み〟のちょうどいい塩梅を探り、新たな選択を始めている。それが、後期近代とか再帰的近代化と呼ばれる現下の状況ではないでしょうか」

僕は「がんばらない」なんて言いながら、皆が地方から都市へ移動していった時代に、東京から地方へ移ってきた。当時からすると、ちょっと変則的な動きだったと思う。いまはゆっくりではあるが、新しい「がんばらない」という動きが出始めてきているように思える。

モヤモヤする都市部の人々

山崎さんの話を聞いていると、地方の人々はまだまだ〝都市部の人々から見た地方の魅力〟

に気が付いていない気がする。

「都市部では、家事の代行や冠婚葬祭など、生活の外部化・産業化が進んでいます。いわば、お金を払うことで関係を持たずにサービスを受け取っている。まさに〝脱埋め込み〟です。ただし、そこに寂しさを感じたり、満足できなかったりしている人々は必ず存在します。そうした人々にとっては〝再埋め込み〟による関係の構築が大きな価値になります。程度の大小はあれども、茅野市をはじめとした地方自治体には、そうした価値があるように思います」

とはいえ、山崎さんが言う「生活の外部化・産業化」をやめてしまえば、その分だけ経済規模は縮小してしまう。それについてはどう考えればよいのだろうか。

「その点については、両者をいかにバランスするかがとても重要です。知っておいてもらいたいのは、都市部の人々は、地方において〝都市部の余韻〟を感じたくないということです。いまではインターネットによって、都市部の尺度が地方に持ち込まれてしまっています。

例えば、ネット以前の地方の古書店には破格の値段で古書が買えるところがたくさんありました。それがいまでは、ほとんどの店がネットを使って相場を調べているため、どこへ行っても似たような値段で古書を買わなければなりません。そういったところに、都市部の人々は〝都市部の余韻〟を感じるわけです」

では、都市部に住む人のうち、どれくらいの人々が「再埋め込み」を望んでいるのだろうか。山崎さんによると、一九五〇年までの日本では、郡部と都市部の人口比率が八対二だったそうだ。それが都市部への人口集中と地方の都市開発によって、二〇〇〇年には比率が逆転し、郡部と都市部が二対八になったという。

「わずか半世紀のあいだに逆転したわけですから、郡部から都市部へ移動した六割の人々は、いまも郡部にルーツを持っているはずです。高齢の方であれば先代まで、若い人でも先々代かその前まで遡《さかのぼ》れば、郡部とのつながりがあるわけです。

そのうちのすべてとは言いませんが、一定数の人々は都市部の生活にモヤモヤを感じているのではないかと推測します。なぜなら、人を騙《だま》してはいけないとか、人にぶつかったら謝りましょうとか、人として当たり前とされてきたことが都市部では通用しない部分があるからです。つまり、六割のうちの一定数の人々はこの五〇年間、都市部特有の価値観やコミュニケーションの方法に慣れようとしてきたわけです」

そんなふうに都市部でモヤモヤしてきた人々が観光などで地方に行くと、自分が当たり前と思っていた振る舞いをする人々に出会う。そこに大きな価値を感じるはずだというのが山崎さんの考えだ。

「だからこそ、地方の人々はしきたりや作法、躾などを古臭く思うのではなく、上手に都市部の人々に発信していくことも一つのPRの方法だと思います。卑近《ひきん》なことで言えば、ぶつかったら謝る、嘘をつかないということも、都市部の人々からすれば大きな価値になるのです」

道で出会ったら「おはよう」とあいさつをする。友達が落ち込んでいたら、「どんまい。元気だせよ」なんて声をかけてあげる。こんな当たり前のことに再び価値が生まれているということだ。

山崎さんはもう一つ、大切な考え方を教えてくれた。それは過疎でも過密でもない〝適疎《てきそ》〟というものだ。

「適疎というのは、読んで字のごとく〝適度にまばら〟という意味です。東京の都心部では、平日の昼食時になるとどこのお店にも列ができています。その光景を目の当たりにした時に、過密も過疎と同じくらい生きにくいのではないかと思ったんです。それで〝適疎〟という言葉を使うようになりました。

この適疎というのは、人によって感じ方が違うはずです。東京の都心部でも過密を感じない人はそこに住み続ければいいいし、立川や八王子などの東京の市部でも過密を感じる人は、それこそ茅野市などへの移住を考えればいいわけです。それぞれが、自分にとっての適疎がどのあたりなのかを考えてみてはいかがでしょうか」

適疎――そこそこ便利、縮充がヒント

日本の地方はいま、どこも少子高齢化による人口減少という課題に直面している。だからこそ、地方自治体にとっては地方移住による転入者の増加が重要な施策になるわけだが、お二人はこの現状をどう捉えているのだろうか。今井市長は、新しい技術に活路を見出している。

「人口が減るとは言っても、ある程度の生産人口がいて全体を支えられるのであれば、特に問題はありません。ただし、今後二〇年ほどは少子高齢化によるバランスが悪い時代が続くはずです。そこをいかに乗り越えていくか。人口減少は仕方がないことですので、今後、世代間のバランスを考えた持続可能な地域社会づくりを考える必要があります。

『福祉21ビーナスプラン』（茅野市地域福祉計画）をはじめとしたこれまでの茅野市のまちづくりは、団塊《だんかい》の世代が中心となってマンパワーによって展開してきました。しかし、いまの現役世代は消防団員や保健補導員の確保さえ難しく、一人で何役も兼任し、疲弊してしまっています。人でしか担えない役割は人が担いながらも、人員が足りないところは積極的に新しい技術で補完する必要があると考えています。

地域コミュニティの面では、単に同じ地域に住んでいるということだけでなく、まちづくりの〝コト〟に集まるようなコミュニティも形成していきたいと考えています。山崎さんの『〝再埋め込み〟のちょうどいい塩梅』や『適疎』といった考え方にも通じると思いますが、当市としては〝そこそこ便利なまち〟を目指していくつもりです」

〝そこそこ便利な街〟というのは、いいキーワードだなと思った。

一方の山崎さんも、人口減少は避けられないものとして受け止め、それを前提とした取り組みが重要だと述べる。

「また聞きなれない言葉を使いますが、大切なのは〝縮充〟という考え方だと思います。フェルト生地を作るためには、ウールにアルカリ性の液体をかけてよく揉みこまなければなりません。そうすると、毛が絡まり、どんどん縮んでいくのです。これを縮充加工といいます。つまり、容量は小さくなるものの、密度は高くなる。まちづくりもそれと同じで、人口減少による縮減や縮退、あるいは拡大や拡充だけでなく、人口こそ減っているものの、住んでいる人々はむしろ充実しているというような〝縮充〟が可能だと私は考えています」

まちづくりにおける〝縮充〟と聞くと、多くの人は機能的なコンパクト・シティなどを想像するのではないだろうか。山崎さんは、もちろんそれも方法の一つだが、もっと大切なことがあるという。

「私はむしろ、どれくらいの人々がまちづくりに参加しているかといったことが、充実の指標だと思っています。税金を払っているんだから地域のことは自治体がやるべきだといった考え方ではなく、地域のことは自分たちでやるのが基本だと考える人々を増やすことが大切なのです。ひとことで言えば、活動人口の増加ということになるでしょう。

それを実現するためには、自治体が医療や福祉、教育、防災、産業、農業など、テーマごとにワークショップを実施し、まずは住民の方々に学んでもらう。そのうえで生活の実感を織り交ぜながら皆で話し合い、結論を出して、それを実行する。そうした地道な取り組みを五年、一〇年と繰り返していくと、それが〝縮充〟になるのです」

田園回帰や地方創生といったことはこれまでにもさまざまな場面で語られてきた。しかし、どうも言葉だけが躍っているような感じが否めない。コロナ禍に直面し、価値観の大きな転換を迫られているいま、僕たちはまさにそれらを実現できるか否かの岐路に立たされている。その意味では、山崎さんが言うように、一人ひとりが〝再埋め込み〟のいい塩梅を探る必要があるように思う。

僕は半世紀ほど前に東京から茅野市に移り住んだ。そんな一住民としては、都市部に暮らす人々にはぜひ一度、豊かな自然や夏の涼《りょう》を求めて地方に足を運んでもらいたい。地方の暮らしには、これからの時代の希望がある。

第4章

シン・常識の突破法

カルテには残らない「ものがたり」に耳を澄ます。

超高齢社会の先には「多死社会」が待っている。年間で一五〇万人の高齢者が寿命で亡くなる「多死社会」。日本では二〇二五年に到来すると言われており、国としての最大の課題は高齢者の医療費である。寿命で亡くなる人のすべてを病院で看取ることなど到底できない。そんななか、改めてその重要性に関心が集まっているのが在宅医療だ。

富山県西部の砺波《となみ》市《し》に時代を先駆ける在宅療養支援診療所がある。その名も「ものがたり診療所」――。知る人ぞ知る在宅医療のパイオニアだ。運営母体である医療法人社団「ナラティブホーム」は、診療所の他に訪問看護やヘルパーステーション、居宅介護センターを運営するとともに、隣接する賃貸住宅「ものがたりの郷」にも携わり、ここには主に終末期の高齢者が住んでいる。

ものがたり診療所（以下「診療所」）には、以前からずっと足を運びたいと思っていた。二〇二〇年から続くコロナ禍によってなかなか実現できなかったのだが、二〇二二年十一月にようやく訪問でき、医師の佐藤伸彦《のぶひこ》所長らにインタビューをしてきた。佐藤さんたちの話を聞いて、これから僕たちの国の医療が進むべき方途が見えた気がする。

診療所を象徴するエピソードがある。教えてくれたのは診療所で働く社会福祉士の石丸友里江さんだ。石丸さんが前職で勤めていた病院に、食道アカラシアを患う終末期の高齢女性が入院していた。食道アカラシアとは、食道の筋肉の弛緩《しかん》がうまく機能しないために、食事がうまく摂れないつらい病気だ。石丸さんが働いていた病院では、まともに食事をさせてもらえていなかった。

「でも、私がそのおばあちゃんの部屋に行くと、いつも漬物の匂いがするんです。家族がこっそり差し入れで持ってきたものを、こそこそ食べていて……。さすがにこのまま最期を迎えさせるにはあまりに忍びないと思い、佐藤先生に相談したんです」

佐藤さんはその女性を快く引き受けた。女性は先述の「ものがたりの郷」に入居し、なんとカップラーメンまで食べたという。女性が息を引き取ったあと、石丸さんのもとに佐藤さんから死亡の返書とともにカップラーメンの容器を持つ笑顔の女性の写真が送られてきた。

「前の職場では、患者の死を悲しめませんでした。ベッドが空くと、いかに早く埋めるかが勝負なので、泣いていたりすると先輩に怒られるんです。佐藤先生から女性の写真が送られてきた時に、そういうことができる場所で働きたいと思い、診療所で働くことにしたんです」

佐藤さんが診療所を開業したのは二〇一〇年。もともと総合病院で働いていた佐藤さんが、診療所を開業することになった原点はなんだったのか。僕がそう尋ねると、佐藤さんは「本にも書いたとおり、医師になって三年目に起きたあの事件が原点でしたね」と語る。

その〝事件〟については、佐藤さんの著書『ナラティブホームの物語』（医学書院）に書かれている。当時の佐藤さんは千葉県の総合病院に救急医として勤務しており、その日は夕方にインド旅行から帰国したばかりという三十代の女性が救急搬送されてきた。診断は肺炎と細菌性髄《ずい》膜炎《まくえん》。最終的に横紋筋《おうもんきん》融解《ゆうかい》症から腎《じん》不全を引き起こしてしまったものの、懸命な治療の末になんとか退院できるまでに回復した。ところがしばらくすると、佐藤さんのもとに警察から電話がかかってくる。女性が夫を絞殺《こうさつ》し、自ら命を絶ってしまったのだ。警察からの連絡は、女性に夫を絞殺するだけの力があったかを確かめるものだった。

追い打ちをかけたのは、先輩医師の言葉だった。「先生はあんなにがんばって一人の人を助けたけど、結局最後には二人の人が亡くなったことになるね」。女性は外資系航空会社の客室乗務員だったが、退院時には重い髄膜脳炎の後遺症があった。

「そのときから、自分が〝救った〟と思っていたものはいったい何だったんだろうという思いを抱くようになったんです」

著書には当時のことが率直に綴られている。

「彼女は、あんな状態で生きていくことを望んでいなかったのかもしれない。死から救ったことが、死ぬよりも苦しい生を強いたのかもしれない。治療することが最善のこととは限らないが、治療する以外に何ができるというのだろうか。やはり医師として私は患者の病気を治すことしかできない、という開き直りにも近い感情でそのときの不快な気持ちを押さえ込もうとした（中略）一方で、医療の目的は、目指すところはどこにあるのか、医学と医療の違いは何なのか、そんなことを真剣に考えだしたのもこの頃からである」（前掲書）

何のために病気を治すのか

佐藤さんの言葉はとても纖細《せんさい》だ。著書を読んでも、実際に話をしても、強くそれを感じる。

例えば診療所の名称になっている「ものがたり」という言葉。なぜ「物語」ではなく「ものがたり」なのか。

ナイーブな医療者の中には、「物語」から「ナラティィブ・ケア」や「ナラティィブ・ベースド・メディスン（ＮＢＭ）」を思い浮かべる人たちがいるはず。ただ、残念ながら数は少ないと思う。「ナラティブ」とは「物語」「語る」という意味の英語で、患者固有の〃人生の物語〃を重視して医療を行うことを「ＮＢＭ」と呼んでいる。対置されるのは科学的根拠をもとに医療を行う「エビデンス・ベースド・メディスン（ＥＢＭ）」である。これは医療者ならほとんどの人が知っている言葉。このあたりのことについての、佐藤さんの認識を聞いてみた。

「医療には、インフォームドコンセントやフレイルなど、日本語に適切な概念がない外来語が、カタカナでそのまま使われるケースが多々あります。ナラティブもそのうちの一つだと私は考えています。

一般的には『物語』と訳されますが、私としては納得していません。『物語』は『ストーリー』であって、その語源は『ヒストリア』。例えば、すでに完成された文学作品のように静的なイメージです。それに対して『ナラティブ』は、『ナレーター』や『ナレーション』と語源が同じであり、必ず話し手と聞き手が存在する。会話の展開は予測できませんから、こちらは動的なイメージです。このナラティブのイメージを、私は『ものがたり』というひらがなで表しているつもりです」

ＮＢＭとＥＢＭについてはどうだろうか。医療の世界では、かつて科学的根拠に偏重した反

久しぶりの対面取材に話は弾んだ

省から、バランスを取るためにナラティブを重視する流れが生まれている。二〇〇〇年前後からの流れだったと記憶している。難しいのはそのバランスだ。比率はどのくらいで考えているのか。

「確かにＮＢＭはＥＢＭを補完するものとして登場しました。ただ、二項対立ではなくて、バランスを取っていかなければなりません。私としては事前に比率を決めているわけではなく、その都度バランスを考えます。例えば、道端で八十歳の高齢者が倒れていたとします。その状況下で『あなたはどんな生き方をしてきましたか』『お子さんとの関係はどうですか』なんてナラティブを聞いていても仕方がない。一刻も早く救命の処置をするべきでしょう。

他方、誤嚥《ごえん》性《せい》肺炎の高齢患者さんでは話が異なります。どれくらい入院するのか。食べられないなら胃ろうを作るべきか。中心静脈栄養にするべきか。そうした選択の場面では、ナラティブが大切になります。

バランスといっても、常に真ん中を目指すという意味ではありません。時と場合によってはどちらかに偏ることも必要です。エビデンスには目をつむり、最後の時間を家で過ごしてもらうケースだってあるわけです。それが個別の医療なのだと思います」

ナラティブについて、佐藤さんはこんな話もしてくれた。NBMとEBMのバランスとは別に、もっと大きなナラティブを大切にしなければいけない。

「NBMとEBMは、どちらにも最後に『メディスン』がついています。つまり、医療の枠のなかの話なんです。ただ、病気や医療のなかに人生があるのではなく、人生のなかに病気や医療があるわけですから、個々人のナラティブは医療のなかに収まるはずがありません。ナラティブはもっと大きなものなんです。

何のために病気を治すかと言えば、それは患者さんの幸せのためです。仮に病気を治したら不幸になるのであれば、それを望む人はいないはずです。そこまで考えるのが医療の役割だと思いますし、考えるためには患者さんや家族のナラティブを大切にしないといけません。医療者の側が、エビデンスだけで決めてしまってはいけないんです」

カルテには残らない独白

ここでナラティブについて一つの具体例を挙げよう。佐藤さんによれば、終末期の高齢者にアンケートを行うと多くの人々が「家で死にたい」か「畳の上で死にたい」と答えるそうだ。こうした言葉を佐藤さんは語義どおりには受け止めず〝メタファー（隠喩）〟として解釈する。

「患者さんがその言葉にどんな思いを込めたのかを考えなければいけないと思うんです。コロナ禍が起きてからは、管理された病院で家族やペットに会えないまま死んでいくのは嫌だという思いかもしれない。多くの人は、自分が死ぬ場所として家や畳の上にこだわっているのではなく、最期の瞬間までをどうやって生きたいかということをその言葉に込めているのだと思います。さらに詳しく話を聞いてみると、家や畳の上で死にたいと言いつつも、痛いのは嫌だし、家族には迷惑をかけたくないという人も多いんです」

診療所の事務所には、スタッフの引継ぎ用に患者さんごとの伝言ボードがある。そこにはスタッフたちが「ものがたり付箋」と呼ぶメモが貼られている。「本当は家に帰りたくない」「この飯はまずい」といった、患者がポロッと発した言葉を書き留めているという。過去には「最後まで女でいたい」と書かれた付箋が貼られたこともあるという。

「医師や看護師だと構えてしまう患者さんも、介護の人や掃除係の人にはポロッと独白（モノローグ）することがあるんです。独白だから、時には矛盾もある。だけど、カルテには残らないそんな独白にこそナラティブがあるかもしれない。そう考えて独白を拾うことにしたんです」

こんな「ものがたり付箋」があった。「クリスマスプレゼントは何がほしいですか」との問いに、その人は「私は幸福がほしい」と答えた。素敵な独白の主は認知症患者だという。

著書のなかに、佐藤さんらしい言葉遣いがあった。それは「老人ビオトープ」という言葉だ。「ビオトープ」とは「bio（命）」と「topos（場所）」を組み合わせた造語で、生き物が生息する空間を意味する。一般的には、人間が人工的に再現した〝自然〟を指す言葉として使われているようだ。佐藤さんは、病院において高齢者が機械に囲まれて管理される状況を「老人ビオトープ」という言葉で揶揄《やゆ》しているのだ。

「例えば金魚鉢のなかで金魚が弱っている時に、金魚を取り出してきれいな水槽のなかで治しても、もとの金魚鉢に戻すとまた弱ってしまうかもしれません。となれば、問題は金魚鉢のほうにある。つまり、もとの金魚鉢のなかで治さないと、根本的な解決にはならないのです。

終末期の高齢患者さんもそれと同じです。病も治療も死も、生活のなかに取り戻さないといけないのではないか。そんなことを考えています」

一人ひとりの患者に向き合う診療所だからこそ、佐藤さんらのもとには他の病院では手に負えない患者もやってくる。そのなかには、医療不信の人もいるという。

「すべての人がうちに来てハッピーになったかというと、そうではありませんが、さらに状況が悪化してうちから他の病院に任せるといったことはこれまで一件もありません。

医療不信の方がそうなった背景には往々にしてナラティブがあり、多くの場合は医療的なトラブルではなく、感情的なトラブルに起因しています。母親へのがんの宣告の時に医師が笑ったとか、朝の回診時に医師が髭《ひげ》も剃《そ》らずに眠そうな顔をしていてあくびをしたとか。

実際には、患者さんに配慮して笑みを浮かべたのかもしれませんし、徹夜明けの回診だったのかもしれない。それでも、ちょっとした行き違いから、感情的に医療不信になっている人がほとんどなんです。私としては、医療不信の方はかえってナラティブを汲みやすい気がしています。というのも、医療不信になった背景を聞くだけでまずは患者さんと一歩近づけるんです」

街づくりは人づくりから

二〇二〇年には、同じ敷地内に「ものがたりの街」がオープンした。カフェや図書コーナー、菜園など、地域の人々が交わる空間となっている。今後は「ものがたりの郷」よりも安価で入居できる賃貸住宅の設置も構想しているという。では、佐藤さんは「街」をつくったのか。

「実は診療所を始めた頃に、地域の人たちから『あそこに行ったら死ぬんでしょ』とシニカルに言われたことがあるんです。もちろん、終末期の在宅医療をやっているので、亡くなる方が多いんですが、それではダメだと思いました。そして、終末期の方をしっかりと診ようと思うと、その少し前の段階から関わっていく必要性を感じたんです。それで人が集まる空間として街をつくろうと思いました」

佐藤さんは「街づくりのためには人づくりが大切だ」と語る。診療所では「ものがたり在宅医療フェローシップ」の制度を設けて、若い人材の育成に力を入れている。これまでに数名が二年間の研修を終えて地元に戻っているという。また、佐藤さんの考え方に共感し、ゆるくつながっている医療者たちが全国各地に点在している。年に一度の集まりには約七〇名が参加し、お酒を飲んだり、仮装大会を行ったりするそうだ。とはいえ、「次の世代の人づくりは本当に

佐藤伸彦さんと

難しい」と佐藤さんは独白する。

人づくりの大切さを教えてくれたのは、かつて佐藤さんが看取った女性住職だった。誤嚥性肺炎で入院した住職の希望は、自分の寺で最期を迎えることだった。住職を慕っていた住民たちも、口を揃えて「あの人は病院で死ぬ人じゃない。佐藤先生、病院に行って住職を連れ戻してきて」という。病院の医師からは「寺に帰ったら死にますよ。こちらは責任持ちませんからね」とはっきりといわれた。それでも佐藤さんは「私が責任を持ちます」といって、住職を引き取り、「ものがたりの郷」に一カ月半入居させて体調を整えてから寺に帰した。

同法人のヘルパーが入ったものの、亡くなるまでの二週間は地域の人々が交代で住職のおむつを交換した。息を引き取る時も、周囲にいたのは地域の人々。佐藤さんはあえて住職のもとには行かず、看護師だけを往診に行かせ、自分は死亡診断書を書くというEBMに徹した。

「おもしろいことが二つ起きました。一つは、亡くなる直前にある地域の住民がスマホでその場の様子を撮影し始めたんです。病院でそんなことをしたら怒られますよね。でも、いいんです。地域で看取るというのはそういうことですから。私もその映像を見せてもらいました。もう一つはお通夜での出来事です。普通のお通夜だと、お坊さんだけが読経をするじゃないですか。なんとそのときは、参列した地域住民らが皆で読経をしたんです。生前の住職からお経を教わっていたんですね」

ある時に住職からいわれたことがある。「佐藤先生、街づくりなんて大層なことをしたらいかんよ。街なんかつくるもんじゃない。自然にできるもんなんだ」と。

「その裏には『人をつくりなさい』というメッセージがあったんだと思います。人さえつくれば、街は勝手にできあがるんだと思います」

ここには新しい常識の突破法があるように思えた。

この節の冒頭にも書いたとおり、僕は「ものがたり診療所」こそが、日本の医療が進むべき方途を示していると思う。日本の医療における改革の波は、すでにじわじわと広がっている。

僕の直感が正しいかどうかは、一〇年ほど経てば、時間が証明してくれるだろう。僕がそんなことをいうと、最後に佐藤さんはこんな話をしてくれた。

「私の好きな民俗学の考え方でいえば、私たちのような取り組みをする人たちが出てきたから在宅医療が変わるわけではないんです。社会がそういう在宅医療を必要とする時代になったから、私たちのような人たちが出てきた。民俗学ではそう考えるそうです。ＡＩなどのＩＴ化が加速する時代だからこそ、同時に人間性を取り戻すことが求められているんだと思います。韓国や中国をはじめとした諸外国もじきに高齢化していきますので、日本の私たちがモデルになっていかなければなりません」

今後も佐藤さんたちの取り組みから目が離せない。

薬に頼らないうつ病治療。

二〇二一年の二月に国立成育医療研究センターが、ある調査結果を発表した。タイトルは「コロナ×こどもアンケート」（第四回）。コロナ禍にあった二〇二〇年の十一月から十二月にかけて、全国の子どもたちやその保護者ら四六二九名を対象に、心の健康についてのアンケートが行われたのだ。

それによると、回答した小学四～六年生の一五パーセント、中学生の二四パーセント、高校生の三〇パーセント、保護者の二九パーセントに中等度以上のうつ症状が見られたという。思っていた以上に多いというのが僕の率直な感想だ。

そこで、うつ病治療に従事する二人の医師に話を聞こうと思った。コロナ禍の影響によって、うつ病は増えているのか。だとすれば〝コロナうつ〟にはどんな特徴があるのか。そして、僕たちはそもそもうつ病をどのように捉えればよいのだろうか――。

話を聞いたのは、獨協医科大学埼玉医療センターこころの診療科教授井原裕《いはらひろし》先生と神経内科専門医の田中伸明《のぶあき》先生の二人。

井原先生は日本うつ病学会の評議員という〝保守本流〟のポジションに身を置き、医師によっては投薬だけに頼りがちな精神科領域において、生活習慣を整えることで必要以上の投薬に頼らない治療を実践されている。

一方の田中先生は、神経内科の他に東洋医学を専門とし、僕が院長を務めていた頃の諏訪中央病院では、東洋医学センターの医局長を務めてくれていた。その後は国立医療・病院管理研究所（現国立保健医療科学院）を経て、外資系のコンサルティングファーム、また経営学の教授と、医療の世界を超えて縦横無尽に活躍してきた。

そして、二〇一四年に東京・千代田区に「働く人のための薬に頼らないメンタルケア」を提唱するベスリクリニックを開業し、理事長に就任している。井原先生は、同クリニックのメディカルディレクター（非常勤）を務めている。

さて、コロナ禍によって子どもたちのあいだでうつ病は増えたのだろうか。

「コロナ禍を受けてのうつ状態は、閉居《へいきょ》（家に閉じこもること）による孤独と不活発が要因だと思われます。小中高校時代というのは、人生のなかで最も活動的な時期であるにもかかわらず、自宅にこもらなければならない。そうした不自然な生活の結果として、孤独と不活発が生じ、うつ状態が大量に発生した。精神科医として三〇年働いてきましたが、こうした事態は未だかつてありません」（井原先生）

北里大学の深瀬裕子氏らが行った調査では、全世代の対象者二七〇八人のうち一八・三五パーセントが〝うつ病〟だったというデータもある。ただし、田中先生はクリニックで診療している限りでは、うつ病患

井原裕さん

者の増加は実感しないという。

「そもそも、コロナ禍の影響で、クリニックの受診率が下がっているんです。うつ状態で受診できない人たちもいるのではないかと思っています。コロナ禍が明けたら状況はより一層深刻になるのかもしれません」

――うつ病の原因は脳の慢性炎症？

ではそもそも、なぜうつ病は起きるのか。医師として大変興味深い話を聞いた。

井原先生は、そもそも抑うつ症状は、脳の慢性炎症が原因だと指摘する。

「うつ病の原因は、脳内の神経伝達物質であるセロトニンの不足とされ、そのためセロトニンを増やすＳＳＲＩといった抗うつ薬が処方されてきました。

ところが、うつ病治療に広く使われているこのＳＳＲＩという抗うつ薬は、一〇年以上前に発表された大規模なメタ解析論文によりプラセボ（偽薬）との比較優位性が乏しいことがわかっています。ＮＮＴ（治療必要数）という指標によると、五人に一人あるいは八人に一人しか効果がないと言われている。抗うつ薬は効くと信じられていましたが、効果の大半はプラセボ効果でした。この点は現在の精神医学界の共通認識です。

田中伸明さん

セロトニン不足がうつの原因なら、ＳＳＲＩを飲んですぐ効くはずです。実際は、効かないし、効く場合も時間がかかる。セロトニン説の信憑《しんぴょう》性が疑われて当然です」

では、脳神経の専門家である田中先生は、どう考えているのだろうか。

「うつ状態が、脳の慢性炎症の結果だという考え方は、現在の医学的常識からは極めて驚くような考え方です。ところが、そのような常識を超えた考え方を裏付ける証拠論文が、数々発表されています。

つまり要約すると、こうです。

ストレスや炎症が脳のミクログリアを活性化して脳神経を傷害し、その結果、うつ病を引き起こす。ミクログリアとは脳内の炎症細胞で、活性化すると海馬などの脳神経細胞やそのシナプスを破壊して、大脳皮質機能を低下させます。その結果、感情の中枢《ちゅうすう》である扁桃《へんとう》体の抑制が効かなくなり、抑うつ、不安などの感情障害を起こすのです。

実際、ミクログリアの機能を抑制するミノサイクリンをマウスに与えると、抑うつが軽減したという報告もあります。

医学は科学ですから、あくまでも仮説です。この慢性炎症仮説はこれまでの抑うつを起こす疾患、病態の説明、そしてそれを支える研究、実験結果から、かなり強い仮説と考えてよいと思います」

腰痛症が起きる原因には脊柱管狭窄《せきちゅうかんきょうさく》症があったり、椎間板《ついかんばん》ヘルニアがあったりすることもあるが、検査をしても何の異常もない慢性腰痛が七割ぐらいあるといわれている。これは慢性炎症が原因だという考え方はとても納得ができる。

さらに井原先生はこう補足する。

「老年医学におけるフレイル（虚弱）も慢性炎症が原因といわれています。神経内科医が筋痛性脳髄膜炎と呼ぶ状態、内科医が慢性疲労症候群と呼ぶ状態、整形外科医が慢性疼痛《とうつう》と呼ぶ状態、そして精神科医がうつ病と呼ぶ状態は、すべて慢性炎症が原因であるのではないかと推測しています。これまで原因不明、治療法がないというこれらの難病が、脳の慢性炎症という共通原因であるならば、その治療も炎症を抑えることが突破口となるのではないかと考えているわけです」

「フレイル」も「慢性疼痛」も、慢性炎症が原因と考えると、これも納得できる。さらに、内科の領域では動脈硬化も慢性炎症に起因しているといわれ、認知症やがんの引き金にもなっているという論文もある。慢性炎症を防ぐためには、抗酸化力の強い野菜を食べることと、軽い運動、健康づくりが重要だ。健康づくりの講演などで僕がずっと訴え続けてきたことだ。

医師がうつ病になって学んだこと

ところで田中先生は過去に二度、うつ病を経験しているという。一度目は外資系コンサル会社に転職してまもなくの頃。二度目は大腸がんの手術をした後のことだそうだ。彼のユニークなところは、そうした自身の体験をも分析の対象にしているところだ。

「うつ病はおもしろいもので、患っている自分は、毎日少しずつ悪化していくので、体調が優れないのが続くなあといった程度の認識でした。うつ病患者のなかには、家族から頭も体も動かなくなってじっとうずくまって出勤困難、外出困難、などの重症になって発見されるといったことも多いようです。

私の場合は、久しぶりに会った子どもから、『お父さんどうしたの？』と聞かれて、気付いたのです。

一度目のうつ病は環境要因によるもの。職場の環境が変わり、何をやってもうまくいかなかったんです。つまり、高ストレスの環境によって起こった。そして、二度目のうつ病は、一般的には術後うつと呼ばれるものですが、振り返ってみると大腸を切ったわけですから、体のなかで起きていた炎症が原因だったんです」

彼は昔からいつも明るく、前向きな人だったから、彼がうつ病になるなんて僕には信じられなかった。しかし、井原先生はあくまで冷静にこう語ってくれた。

「うつ病になるかならないかは、個体側の脆弱《ぜいじゃく》性と外部にあるストレス要因の掛け算で決まります。田中先生のように個体側が非常に強力であっても、ストレッサーが強ければ、うつ病になることもあるんです」

田中先生は、うつ病の原因をセロトニン仮説ではなく、脳の慢性炎症仮説で理解すると、治療のあり方が根本的に変わると指摘する。井原先生は精神科医療現場から、この点をどう考えるのだろうか。

「これまでのセロトニン仮説に基づいた薬物療法が、その治療の根拠を失います。その結果、うつ病の治療戦略を書き直す必要があります。つまり薬物療法中心から、非薬物療法へのシフトです。臨床の現場では抗うつ薬の限界は明らかです。他方、生活習慣病一般におけるデータの蓄積から、抗炎症効果の高い生活習慣はわかっています。うつ病も睡眠、運動、食事などを改善すると、打てば響くように効果が出ます。頼りにならない抗うつ薬より、生活習慣に介入したほうが良いのです。

人間の深部体温の変動を見ると、人は目が覚めているあいだに動き回ったり、ストレスを感じたりすることで、脳や体に炎症を起こしていることがわかります。その炎症を、寝ているあいだに鎮《しず》めることで日々の心身の健康を保っているのです。

それが、例えば睡眠不足や睡眠の質の低下などが起きてしまうと、炎症が十分に鎮まらない。この状態が慢性炎症と呼ばれており、脳にそれが起きることがうつ病の原因とされているのです」

慢性炎症を防ぐには

慢性炎症を防ぐためには睡眠も大事。いい睡眠をとるには、朝太陽に当たること、軽い運動をすること、腸内環境を良くすること。腸内環境をよくするには、野菜やキノコ、海藻など、繊維の多いものを食べ、発酵したものを摂ること。これも僕が五〇年間健康づくり運動でいい続けてきたことだ。うつ病も、不眠症も慢性疼痛も、慢性炎症を抑えることが大事というのはとても納得ができた。

これまでの話からすると、うつ病治療にはSSRIなどの抗うつ薬は効果がない、使わないほうがよいと考えるのが妥当なのだろうか。

「SSRIはセロトニンを増やす薬です。セロトニンは脳神経伝達物質として非常に重要なものです。抑うつ状態で起こるぐるぐる思考によって消費された神経伝達物質の補充には重要です。またセロトニンは抑うつ、不安などの感情不安を起こす扁桃体を安定させる作用を持っています。だから薬は病気の初期か、扁桃体安定のために微量継続することもあります。感染症による発熱に対して対症療法として解熱剤を服用するのと同じです。症状が無くなったら中

止が基本原則です」（田中先生）

では、コロナ禍で増えた〝コロナうつ〟には、何かしらの特徴があるのだろうか。

結論からいえば〝コロナうつ〟には大きく二つの種類が考えられると二人の先生はいう。一つは感染後のうつ病。もう一つは非感染者のうつ病である。まずは感染後のうつ病について尋ねてみた。

「そもそもうつ病は脳の慢性炎症が原因であり、新型コロナに感染した後には感染防御のために炎症性サイトカイン（生体内のさまざまな炎症症状を引き起こす反応）が全身を巡る。その結果脳のミクログリアが反応して、脳神経を攻撃して、うつ病を発症する。ポストコロナでは、うつ病患者が増加する可能性が高いと考えています」（井原先生）

では、もう一方の非感染者のうつ病についてはどうだろうか。田中先生はこう指摘する。

「脳は身体情報を、全身に張り巡らしている迷走神経などから常にキャッチしています。お腹がすいたらイライラするし、満腹だとニコニコする。腹の虫が治まらない、肝を冷やしたなどの身体情報で感情や思考が変化することは容易に理解できます。最近注目されている腸内細菌がうつ病や高血圧などを起こすなども同じ現象だと考えます。先に井原先生がいわれたとおり、コロナ禍の影響で閉居を余儀なくされた人々は、自ずと身体活動が低下します。また閉居によるストレスで下痢など消化器異常を起こす。そうすると、脳自体が不安定となり抑うつ状態を起こすのです」

働く人の根本的なメンタルケア

田中先生が理事長を務めるベスリクリニックが取り組んでいるのは患者さん自身の資質はもちろん、周囲の環境などを考慮した上で、その患者に最適な治療を施《ほどこ》すことだ。田中先生いわく「働く人の根本的なメンタルケア」とのコンセプトのとおり、ビジネスパーソンのうつ病に関しては着実に治療成績を上げているそうだ。

「多くのクリニックでは、患者を会社から守るために比較的容易に診断書を出します。しかし、一度休職してしまうと、復職しても六割もの人々が再び休職してしまう。そして、二度休職した人々の八割は、三度目も同じことを繰り返してしまうといわれています。こうした状況に対して、当クリニックは休職せずに治すことを目指しています。そのために世界最新のうつの治療法であるTMS（脳磁気）で脳機能を改善させ、生活改善指導や漢方薬・鍼灸《しんきゅう》治療などを中心にしています。ですから初診の患者様に西洋薬を投与するのは約一割です」（田中先生）

「うつ病に関しては、いわば逆耐性現象のようなことが起きているんです。一回目よりも二回目、二回目よりも三回目が酷くなるといった感じで、どんどんうつ病の階段を下りていってしまう。その意味では、一回目の治療が失敗している可能性は十分にあり得ます。酷い場合には、抗うつ薬だけを処方して、断酒指導を行わないようなクリニックもあるようです。また、休職者を復職させる時に、その人がなぜ休職せざるを得なくなったのか原因を明らかにしないままに、単に体調が落ち着いたからといった理由だけで復職させてしまうケースも少なくありません」（井原先生）

うつ病の人を時には励ます

うつ病の人を励ましてはいけない――。そう教わった人が多いのではないだろうか。僕自身もこれまでに多くの精神科医からそう忠告されてきた。しかし、井原先生はそんな激励禁忌《きんき》に否定的だ。

「常識的に考えて、心も体も労《いたわ》るだけでは弱くなる一方だと思います。弱った体にリハビリが必要なように、心も適度に鍛えなければならないわけです。それが激励を禁忌してしまうと、廃用症候群のように、もともとは軽く人生に悩んでいただけの人が、重いうつ病となり、ついには自分で立ち直ることができなくなってしまうのです。

例えば脳卒中の場合、最近は治療をスタートすると同時に早い時期からリハビリを始めています。うつ病も同じようにするべきです。必要以上の長い休暇や過度な労りは、悪循環を生みかねません」

「うつ病の人を励ましてはいけない」「運動もあまりすすめない方がよい」などといわれてきたが、状況によっては、むしろ激励してあげたり、背中を押してあげたり、軽い運動を勧めてあげたりすることが大切なのだという。ここでも古い常識を突破するシン・スタイルを聞いたような気がした。

その意味では、働きながらうつ病を治そうとしているベスリクリニックの方針は合理的なのだろう。

ライフスタイル・メディスンという新潮流

最後に井原先生は、一般的な精神科のクリニックとは異なる診療をするベスリクリニックの可能性について重要な話をしてくれた。

「田中先生のやり方に、もしかすると大風呂敷を広げたような印象を抱く人がいるかもしれません。しかし、先生は空理空論を主張しているわけではありません。

鎌田先生は長野県において、生活習慣を修正することで、地域の皆さんの健康づくりを行ってこられました。実はいま、世界的にライフスタイル・メディスン（生活習慣医学）が大きな潮流となりつつあります。ベスリクリニックの取り組みは、その先端を行くものになり得る。

もちろん医学領域において、専門性はとても大切です。しかし、細分化と専門化が進んだ結果、領域横断的な大きな絵を描く人が少なくなっているのも事実なのです。その意味では、田中先生はこれまでの医学ができなかったことを模索されているように思っています」

世界的にライフスタイル・メディスンが、大きな潮流になっているというのは嬉しい。五〇年間、僕がやり続けてきたことでもある。

僕が五〇年前、新米の医師として長野県に赴任した頃、同県は脳卒中多発地域で、日本で一、二位を争う脳卒中死亡率の高い地域だった。そこで僕は地域の人たちの生活習慣を変えるために、年間八〇回もの健康づくり運動をおこなった。おなじく脳卒中の死亡率が高かったのは秋田県。秋田県では当時東京にもないような最新の脳卒中センターをつくり、先端医学で解決しようとした。ところがいまも秋田県は脳卒中死亡率は上位にとどまっている。一方長野県は、平均寿命日本一に。最先端の機械を導入して、問題を解決するという考えに対して、逆張りの発想を持ち続けたことが、健康の改善につながっていったように思える。

どんな人でもうつ病になる可能性がある。ならば、コロナ禍の影響が続くいま、僕たちは何に気をつければよいのだろうか。

これについては二人とも共通して三つのことを挙げてくれた。すなわち、

①睡眠量とそのリズム

②活動量の不足

③他者との関係性の希薄化

の三つだ。日中にしっかりと体を動かし、なるべく決まった時間に十分な睡眠をとる。そして社会的フレイルにならないように、いろいろな集まりやコンサート、芝居見物などに、感染に注意しながら出かけていくことが大事だ。そうした心掛けが心身の健康を保つのだ。

なかでも僕は、個人化が進む現代社会では、他者との交流が大切だと思う。子や孫、友人、誰だっていい。電話やビデオ通話はもちろん、ちょっとした声掛けでもいいし、遠くの誰かに何か地元のものを贈るでもいい。自分から誰かに心を配ることが、うつ状態を防ぐ一番の方法だと思うのだ。

「子育ては社会で担う」が当たり前の日本へ。

二〇二三年の四月一日に子ども基本法が施行され、政府はこども家庭庁を設立。いよいよ本格的に子ども・子育て政策の推進がスタートした。思い出すのは介護保険制度ができた二〇〇〇年の前後である。介護保険によって、かつては嫁や娘などの家族が引き受けていた介護を社会としても担うようになった。

現状の子育ては、両親をはじめとした家族が大半を担っている。しかし、核家族化や女性の社会進出が進み、かつての当たり前が通用しなくなってきた。必要なのは、かつて介護分野が成し遂げたような〝子育ての社会化〟である。基本法と所管省庁の設立によって、本格的な取り組みがようやく端緒《たんしょ》についた。ここではその現状と課題を取り上げる。

話を聞いたのは「株式会社ぴんぴんころり」（東京・品川区）の代表・小日向《こひなた》えりさんと、「認定ＮＰＯ法人びーのびーの」（神奈川・横浜市）の理事長・奥山《おくやま》千鶴子《ちづこ》さんの二人。「ぴんぴんころり」は、シニア世代が〝第二のお母さん〟として利用者宅を訪問し家事や育児などをサポートするサービス「東京かあさん」を提供する。一方の「びーのびーの」は、地域子育て支援拠点や認可保育所などの運営、ファミリー・サポート・センター事業や産前産後ヘルパー派遣事業などを行っている。

小日向さんはスタートアップ企業の立場で、奥山さんは認定NPOの立場で、日本の子育てに関する事業を展開している。二人には立場が違うからこその異なる視点があるはずだ。介護保険の時には、行政はもちろん民間企業やNPOなど、さまざまな立場の人々が意見交換を行い、多様なサービスを作り出してきた。小日向さんと奥山さんの異なる視点は、今後の日本の子育てを考えるうえで、極めて重要なはずである。

一億二〇〇〇万円の資金調達

「ぴんぴんころり」の創業は二〇一七年。目的はシニアの就業支援だった。当初は家事代行がメインだったが〝お母さん〟が持つ経験や知識は家事だけにとどまらない立派なスキルだと考え、まるで親子のような関係で総合的に家庭をサポートする「東京かあさん」のサービスを始めることになった。同サービスを開始したのは二〇一九年。翌二〇年の初頭にはコロナ禍が始まった。
「コロナの影響はかなり受けました。五類に移行してから利用者の申し込みは回復しつつあるものの、人手不足で人件費も上がり、ワーカーさん（第二のお母さん）たちの獲得が今後難しくなっていくことが予想されます。シニアの方々にとって働き口の選択肢が増えるのはよいことですが、人件費の高騰は経営的にはなかなか難しい部分があるというのが正直なところです。ワーカーと利用者のマッチング率を上げることも課題です。ワーカーの方々には、報酬よりも『利用者から感謝されたい』『役に立っている実感を得たい』といったニーズがあります。なので、長く縁が続くことを望んでおり、現状では約一四〇〇名がワーカーとして登録してくださっていますが、その全員が利用者とマッチングできている状況ではありません」

小日向えりさん
(Photo by @ikkku_camera.kamakura)

「ぴんぴんころり」は二〇二三年五月に総額一億二〇〇〇万円の資金調達を発表した。社会貢献的な性格が強い「東京かあさん」だが、NPOではなくスタートアップ企業を選んだ理由は何だったのだろうか。

「社会的インパクトを生み出したかったのと、一人でも多くのシニアに元気になってほしかったので、スピード感をもって大規模なものにするために資本を入れる方法を選びました。NPOにするか悩みましたが、周囲に起業家が多かったこととファンドによる出資の環境が整ってきたことに背中を押されました」

「子育ての相談基地」の全国展開

「びーのびーの」の設立は二〇〇〇年。日本でNPOが法人格を得たのは一九九八年なので、早い段階での法人設立である。当時の横浜では、結婚・出産を機に仕事を辞めて地域で子育てをする母親たちが多く、保育園が少なかったため幼稚園に通わせるケースが大半だった。出産から入園までの長い長い三年間。母親同士で一緒に子育てをすることにした。

「当時は〝公園デビュー〟という言葉がありました。公園に行かないと幼稚園などの情報が手に入らないんです。そこで、スタッフがいて、居心地がいい空間が欲しいと思い、仲間たちと親子の交流の広場を作ることにしました。NPO法人にしたのは、商店街の空き物件を借りるのに法人格を求められたからです。時代的にNPOが主流になってきたということもあります」

いざ法人化すると全国から見学者が殺到した。二年後には国のモデル事業である「つどいの広場事業」として横浜市から公費が入るようになった。〇四年には「つどいの広場全国連絡協議会」（現「NPO法人子育てひろば全国連絡協議会」）を設立し、ネットワークづくりと研修によって、全国の事業者を応援することになった。その後、国の事業の一つ、「ファミリー・サポート・センター事業」（以下：ファミサポ）なども受託するようになる。

奥山千鶴子さん

同事業は、子どもの送迎や預かりなど、子育てのサポートを受けたい人（依頼会員）とサポートを行いたい人（提供会員）が相互に援助し合う仕組みだ。「東京かあさん」の行政版と言えばよいだろうか。企業の小日向さんはワーカーの獲得が大変だと言っていたが、奥山さんのほうはどうだろうか。

「提供会員を探すのは確かに大変です。ただ、ファミサポはあくまで市からの委託なので、民生委員や主任児童委員、小学校などにもご協力いただき、募集チラシを配布したりしています。こちらのエリアの提供会員が少ないので、一緒に探してくれませんか――と」

「子育ての社会化」は介護保険前夜と同じ

「びーのびーの」では「産前産後ヘルパー派遣事業」も行っている。これは委託事業ではなく、法人として横浜市に事業者登録を行って実施するサービスだ。ファミサポの提供会員に同事業のヘルパーとしても登録してもらうことで、輻輳《ふくそう》的に家庭を支援できる可能性が広がるという。

奥山さんによるとこのヘルパー派遣事業には、いくつかの課題があるという。

「同事業には市からの補助があるものの、基本的には各自治体に国からの補助がないんです。国の補助を受けられるのは多胎児家庭などの特定の家庭のみです。このような背景から、この事業を実施している自治体は、決して多くありません。そして何よりの課題は、現状では子どもが生後五カ月までなど期限があるという点です」

日本の子育てサービスはゼロ歳から三歳までが手薄だと言われている。生後五カ月だと、その範囲がまったくカバーされていない。これについて小日向さんは語る。

「過去にある自治体の副区長に、もっと長く補助していただけないかと話をしたことがあります。すると副区長は『贅沢《ぜいたく》だ』というんです。産後すぐの病児保育などはセーフティネットとして行政が負担するべきだけど、女性が子どもも欲しい、仕事もしたい、そのうえ補助金で代行サービスまで利用したい、全部欲しがるのは欲張りだと。どれだけ働く女性が大変か理解されていないと、正直、とても悲しかったです」

奥山さんの言葉が印象的だった。

「いまの子育てをめぐる状況は、まさに介護保険前夜と同じなんです。社会も子育てを担うという意識を当たり前のものにしていかないといけません」

民間の新規参入を支援する必要がある

政府は六月に「次元の異なる少子化対策」に関して、二〇二四年度からの三年間の集中期間に三兆五〇〇〇億円の追加予算が必要である旨を発表した。この手の話を聞いた時にいつも思うのは、本当に必要なところに予算が行き届くかということである。奥山さんいわく、産前産後ヘルパー派遣事業は市からの補助があるものの、同事業だけでは事務局人件費を生み出すことはできないそうだ。他の事業と兼任しないと黒字にならないのだ。

僕は「東京かあさん」みたいなサービスが全国に展開すればいいと考えている。そのためには、ファミサポやヘルパー派遣だけでなく、民間企業のこうしたサービスにも補助金が出るようになるに越したことはない。

「いま最低賃金は一一〇〇円近くになっています。そうすると、どうしても利用料は上がってしまいます。弊社《へいしゃ》は競合他社よりは価格を安く設定していますが、それでも一時間で二〇〇〇円や二五〇〇円となると、利用者自身の一時間あたりの所得を上回るケースがほとんどです。そうなると必要としている人はたくさんいるのに、一部の富裕層だけが使えるサービスになりかねません」（小日向さん）

「子ども分野は、行政の委託や補助が大半を占め、自治体が直営する場合も少なくありません。したがって、なかなか民間が新規参入するのが難しいんです。改革が必要です」（奥山さん）

いかにして地域に溶け込めるか

奥山さんが理事長を務める「NPO法人子育てひろば全国連絡協議会」は、全国に約一四〇〇会員を擁する。内訳を見るとNPOが六割を占め、残りは自治体や社会福祉法人などだそうだ。民間企業の「東京かあさん」を全国展開するためにはどうすればよいのだろうか。まずは小日向さんにその展望を聞いてみた。

「いまは関東の一都三県で事業を行っていますが、将来的には全国展開したいと思っています。

そのときのために、すでに『大阪おかん』という商標登録は取っています。ゆくゆくは、配車アプリのUberや民泊のAirbnbのように、その地域に一人でも〝第二のお母さん〟がいればマッチングできるようなプラットフォームにできたらとも考えています」

二〇年以上にわたって社会による子育てを推進してきた奥山さんのノウハウはとても参考になる。「びーのびーの」はどのようにして地域に溶け込んできたのか。

「一つは、最初に親子の交流の場を商店街にオープンしたのが良かったです。残念なことにいまや保育園などが一部の人たちから迷惑施設と言われるようになっていますが、商店街では子どもたちの声を〝賑わい〟として受け止めてくれるんです。しかも車も通らないので、子どもたちは商店街の通路で三輪車を乗り回しています。

地域子育て支援拠点の施設を建てる時にも、地域のことは意識しました。市からはビルのテナントを勧められたのですが、どうしても園庭が欲しかったので地域の人で土地や建物を提供してくれる人を探したんです。すると地元の方が、建物も建ててくれることになりました。その代わりに市が家賃を支払うというやり方です。地域の方々にご理解いただくためにはもちろん時間がかかりますが、施設の建設そのものに地域の人が関わっているとなると印象が異なります」

「子どもサポートマネジャー」をつくったらいい

「あとは地域のシニアや学生にもボランティアとして入ってもらうなど、地域との良好な関係づくりは常に意識しています。多様な学部の学生の実習も受け入れたり、中学校の家庭科の授業と連携して赤ちゃんとのふれあい体験を実施したりもしています。

基本的には就学前の子どもが対象なのですが、就学児の兄弟姉妹も一緒に連れてきたいというのが親御さんのニーズです。そこで、小学生にはボランティアとしての振る舞いをお願いして受け入れるなど工夫しています。行政の施策はどうしても縦割りになったり、年齢で切ったりしてしまうので、そこは柔軟な運用が必要です。

ファミサポでは、子どもを預けるだけでなく、預かることもできる両方会員という仕組みがあり、地域の中で互恵的な関係を築いていくことにつながります」

ここで一つ僕から提案しておきたい。

奥山さんによると行政の子育て支援には主に三つの事業があるという。利用者支援事業の①母子保健型②特定型③基本型――だ。妊産婦の支援を行う母子保健型は「母子保健コーディネーター」が担い、保育園や幼稚園への入園支援を行う特定型は「保育コンシェルジュ」が担う。

この二つには統一の名称があるのだが、地域での子育て支援を行う「基本型」を担う人たちに特定の名称がなく、自治体によってバラバラだという。

介護保険の場合は「ケアマネジャー（介護支援専門員）」という統一の名称ができたことで、サービスが行き届きやすくなった。だからこそ地域での子育て支援を担うワーカーさんにも統一の名称をつける。「子どもサポートマネジャー」略して「子どもサポマネ」なんてどうだろう。伴走型支援を国は強く訴えているが、その担い手を明確にすることが大事だ。これには小日向さんも奥山さんも賛同してくれた。

中高年の男性ばかりで女性活躍や子育てを語るな

二人には最後に政治に望むことを聞いた。

「弊社はスタートアップなので、行政や大企業にはないスピード感があり、リスクを取ったチャレンジもできます。今後は、官民連携によってスタートアップならではの特徴を最大限に発揮できればと思っています。

そのうえで、近年にベビーシッターによる事件が起きて以降、子育て支援に関わる人たちの資格や研修をより厳しいものにするべきとの声があります。子どもの命にも関わる仕事なのでリスク対策は必要ですが、必要以上に締め付けると、困っている人に対してサポートできる人員を減らしてしまい、かえって幸せの総量を減らしてしまいます。その点はよく議論を重ねていただければと思います。

あとはとにかく子育て世帯や若者の生の声を聞いてもらいたいです。スーツを着た中高年の男性ばかりで集まって女性活躍や賃金格差の話をしているのはとても滑稽《こっけい》に見えてしまいます」（小日向さん）

「二〇一四年の消費税増税によって、初めて年金・介護・医療以外の社会保障として子育てにも消費税の財源が使われるようになりました。二〇一九年からは三歳以上の保育・幼児教育が無償化されたのは記憶に新しいはずです。ところが、少子化には歯止めがかからなかった。その意味では、今後は財源を確保するだけでなく仕組みを抜本的に変えなければなりません。財源と仕組みは両輪ですし、子育て政策にとってはいまが正念場だと思います。

子どもは生まれながらにして社会性を求めていますし、ヒトの子育ては、親以外の手助けも活用した『共同養育』が基本だといわれています。官民でしっかりと連携をして今後も子育てしやすい社会づくりをしていきたいと思います」（奥山さん）

古臭い「常識」に飼いならされてはいけない。いまこそシン・常識の突破法が必要なのだ。

「介護保険前夜と同じ」との言葉があった。明けない夜はない。介護保険でもできたのだから、子育ての社会化もきっとできる。僕はそう信じている。

第5章

シン・がんばらない

ネットの世界でも〝ピンピン〟活躍する元気高齢者たち。

一九四八年に生まれた僕は、二〇二三年の六月で七十五歳を迎えた。いよいよ後期高齢者だ。この歳になると、老い方と逝き方を意識せざるを得ない。そんな中で、僕は「ピンピン、ころり」よりも「ピンピン、ひらり」が良いと思っている。ころっと逝くよりも、軽やかに逝きたい。そんなイメージを重ねた言葉だ。

「ころり」にしろ「ひらり」にしろ、そこに辿り着く条件は「ピンピン」していることだ。老いれば誰しもどこかしらに肉体的な不具合は出てくる。それでも、できる範囲でピンピンを維持していく。そうやって日々、心がけることが大切だ。

そこで、後期高齢者でありながらピンピン元気に生きる二人に話を聞いた。一人はツイッターのフォロワーが一〇万人を超え、人々の思考や行動に大きな影響を与えるインフルエンサーの溝《みぞ》井《い》喜《き》久《く》子《こ》さん。もう一人はチャンネル登録者数が五〇万人を超えているユーチューバーの川原恵美子《かわはらえみこ》さんだ。ｚｏｏｍでのインタビューに快く応じてくださった二人の〝先輩〟の話から、僕も学ぶことがたくさんあった。

一九三四年生まれの溝井さんは二〇二三年で八十九歳になる。ツイッターを始めたのは七十六歳だった二〇一〇年。日本でもツイッターのユーザーが増え始めた頃で、溝井さんは時の総理大臣が個人のアカウントを作ったことをニュースで知り、「どんなものか自分もやってみよう」と思った。

好奇心が旺盛《おうせい》。がんばって何かを始めようとしているのではない。がんばることなく好奇心で人生を切り拓いていく。これこそ人生一〇〇年時代の「シン・がんばらない」生き方。がんばらずに人生を再覚醒させるのだ。

器と中身の意外な取り合わせ

戦争や敗戦後の暮らしを体験し、時代によって移ろってきた人々の価値観を見てきた。ツイッターでは、そうした経験をもとに高齢者問題や趣味の茶道・園芸に関してつぶやく。そして、含蓄に富むつぶやきの合間には朝昼晩の三食の写真を投稿する。決して豪華とは言えないが、いつも栄養バランスが考慮された食事だ。溝井さんは語る。

「ツイッターを始めて、最初に何を書こうかと思った時にふと頭に浮かんだのは、自分が戦争体験者だということでした。国民学校に入学したのが一九四一年なので、六年間のうちの四年を戦時下で過ごしたんです。当時は運動靴なんてなくて、みんな学校に下駄《げた》を履いてきていましたし、体育の時間は裸足です。昔の子どもは足が丈夫だったのか、痛かった記憶はまったくないですね」

若い人々の新たなコミュニケーションツールとして登場したSNSに後期高齢者がつぶやく戦時下の記憶――。器と中身の意外な取り合わせがユーザーらの注目を集め、溝井さんはたった三カ月で五〇〇〇人ものフォロワーを獲得する。料理の写真を投稿し始めた理由も、高齢者ならではと言える。

「私、一人暮らしをしているもんですから、息子二人の家族に無事を伝えるつもりで始めたんです。『今日も生きてるよ。ちゃんと食べてるよ』って。それがそのうちに、これは庶民の暮らしの記録になるんじゃないかと考えるようになったんです。いつの日にか誰かが『これがあの当時に一般の人々が食べてたものか』といったことになるんじゃなかろうかと思いましてね」

溝井さんが二〇一八年に刊行された『キクコさんのつぶやき』(ユサブル)という本がある。そこには溝井さんの過去のツイートが紹介されており、僕が特に好きなのは次のつぶやきだ。

「無知と吝（ケチ）が結び合ったら箸《はし》にも棒《ぼう》にもかからない」

このツイートについて、溝井さんは著書のなかでこう綴っている。

「無知だけなら、周りの助けとかあれば割合どうとでもなるんですけど、これにケチが加わるとどうしようもないんですよ、誰も助けてくれないもの。家庭の中でも。昔から〝無知の知〟っていう言葉がありますけど、無知な人に限って、自分が無知って思ってないのよ。それが問題ね」

こうした率直な物言いこそが溝井さんの人気の所以《ゆえん》だ。キクコの哲学と言えばよいか、キクコ節と言えばよいか。受け止める側は、とにかくスカッとした気持ちになる。

年寄りたちよちゃんとしなさい

溝井さんは著書のなかで「義憤」こそが自身のツイートの核であると述べている。義憤——すなわち道義

溝井喜久子さん

に外れたことや不正に対する憤慨。これは一体どういうことなのか。著書から引用する。

「義憤とは、時代の変化についていこうとせず、古めかしい因習や考え方にこだわって我を通し続け、見栄《みえ》や体裁《ていさい》のために若い世代にいらぬ負担をかける年寄りに対してです。私自身が八十歳を超えた年寄りだからこそ、言えるのです。年寄りたちよ、ちゃんとしなさい、と。大変な世の中でがんばっている若い人たちの、重荷になってはいけませんと」

この八十九歳、じつにかっこいい。古めかしい因習や考え方に縛られ、我を通す生き方をバッサリと切り捨てている。

この考え方についてご本人に話を聞くと、さらに歯に衣着《きぬ》せぬ物言いが出てくる。それがまたおもしろい。

「歳を取ったからってなんでそんなに偉いんだよっていう気がするんです。なんにも偉くはないのに。性別に関係なく、若い女の人には愛想良く振る舞ってもらいたいって思っているお年寄りがたくさんいますけど、ふざけんじゃないよって言いたいですよね。愛想良く振る舞ってもらいたいなら、こちらも然るべき態度を取るとか、お金を振り撒くとか、それくらいのことはするべきだろうと思うんです」

そんな溝井さんから見れば、高齢者がスマホを使ったり、ＳＮＳをしたりしない理由は、主に二つあるという。一つは、周囲に手ほどきをしてくれる人がいないことだ。本当は自分もスマホを使いたいし、SNSだってやりたい。そう思っている人は少なくないものの、入口のところで丁寧に教えてくれる人が周囲にいない。そのことで諦めてしまう人がほとんどではないか。溝井さんはそう指摘する。

「たまに地域で高齢者向けのLINEの教室なんかがありますけど、募集人数が一〇名とか少なくて決して活発とは言えないですね」

溝井さんが挙げるもう一つの理由は、高齢者自身の自信のなさだ。

「学校に行ってないとか、習い事をしてこなかったとか、何を書いていいかわからないとか、変なことを質問してしまったら恥ずかしいとか。高齢の人って、何かしらの自信のなさが〝できない理屈〟になるんです」

理屈の前に行動

本のなかで紹介されている溝井さんのツイートにこんなものがある。「賢い女は理屈など言わない。うまーく自分を生かすものです。無駄をしたくないから」――。溝井さんも書いているが、これは女性に限った話ではない。新しいことを始められない人は、すぐにできない理屈ややらない理屈を並べてしまう。反対に、次々に新しいことに挑戦する人は、理屈の前に行動している。

ちなみに、僕が溝井さんのこのツイートへの共感を述べると、彼女はひとこと「そんなことを書きましたか。書いた人が忘れちゃって……」と言う。この茶目っ気もまた、溝井さんの魅力の一つなのだろう。

僕には溝井さんに、どうしても一つ聞きたいことがあった。それは、ｉＰａｄなどのタブレットを何台持っているのかということ。著書に載っている彼女の写真には、必ず複数台のタブレットが写っているからだ。

「タブレットは四つ持っています。寝室とリビング、食卓なんかの各部屋に置いて、何かあったらすぐに調べものなんかをできるようにしているんです。オンラインで対談なんかをする時には、一台でｚｏｏｍを開いて、もう一台をネット検索用に使っています。

今日も、事前に鎌田先生のことをネットで調べたんです。失礼ながら、先生のことをあまり詳しく存じ上げなかったので……」

この話にはオチがある。さすがの溝井さんも僕の容姿までは事前にチェックしなかったらしい。ｚｏｏｍでのミーティングをセッティングしてくれたのは三十代の編集者だ。僕よりも先にトークルームに入室した溝井さんは、その編集者を〝カマタ〟と思いこんだというのだ。

「鎌田先生ってこんなにお若い方なんだと思いましてね。びっくりしちゃいましたよ」

溝井さんは定期的に女子会を開催しているという。参加するのは同世代ではなく、高齢者支援のグループに所属する五十代や六十代のお友達。溝井さんが手料理を振る舞う代わりに、若い人たちからは地域の情報などを聞く。支援する側・支援される側という枠組みに収まるのではなく、そうして互恵的な関係を築いているのだ。ｚｏｏｍは、コロナ禍のなかでオンライン女子会を開催するために始めたそうだ。

「実は最近、女子会のメンバーから講演会をやらないかって背中を押されるんです。いまのところは『私ももう歳だから……』って断ってるんですけど、言われ続けたらそのうちやる気になったりするんですよね。そうやって背中を押してくれる人がそばにいるのは良いことですよ」

溝井さんの話を聞いていて感じたのは、彼女がとても〝自立〟を大切にしているということだ。二人の息子や女子会のお友達との付かず離れずの見事な距離感がそれを物語っている。自立している高齢者はかっこいい。純粋にそう思った。

六十歳から私の人生が始まった

次に話を聞いたのは、ユーチューバーの川原恵美子さんだ。一九四六年生まれの川原さんは二〇二三年で七十七歳。僕の二つ上の〝お姉さん〟だ。

川原さんがYouTubeで料理のレシピを紹介するチャンネル「田舎そば川原」を開設したのは二〇二〇年八月。茹《ゆ》でずに余熱で調理する素麺《そうめん》のレシピなどが話題を呼び、わずか一年でチャンネル登録者数が三〇万人を超えた。チャンネル開設から三年余で公開した動画は三八七本。登録者数は五七万四〇〇〇人まで増えている（二〇二三年十二月時点）。

「田舎そば川原」という番組名は、川原さんが香川県まんのう町で営《いとな》む手打ち蕎麦店の屋号から取っている。店を始めたのは川原さんが六十歳の時。では、それ以前は何をしていたのだろうか。僕がそう尋ねると、川原さんは苦労ばかりの半生を振り返ってくれた。

「私が二歳の時に両親が離婚したんです。母が再婚した男性にはすでに三人の子どもがいて、私の下には五人の子どもができました。

戦後まもない時期です。酒好きの義父は博打《ばくち》にのめり込み、台所は借金だらけの火の車でした。私は十代の頃から家業の農業を手伝ったり、近所の人たちからもらった食材を漬物にして売ったり、アルバイトをしたりして家計を助けました。さらには下の兄弟姉妹の食事を作ったり、面倒を見たりもしたんです。

両親から農業を継いでからは、その傍《かたわ》らで介護士やベビーシッター、編み物講師の仕事もしました。とにかく無我夢中で兄弟姉妹を育て上げて、親の借金を返済したんです」

「田舎そば川原」を開業したのは、両親の借金を返し終えたあと。川原さんは「六十歳から私の人生が始まったんです」と語る。しかし、彼女は何も自分が店をやりたくて始めたわけではない。

川原恵美子さん

香川県は〝うどん県〟として有名だが、まんのう町は蕎麦の名産地でもある。昔から各家庭で蕎麦を打っていた。川原さんが訪問介護の仕事をしている時に、ある利用者からこんなことを言われる。「自分はもう八十歳を過ぎて、蕎麦が打てない。手作りの蕎麦を作ってほしい」と。そこで川原さんは月に一回の頻度でその利用者宅で一カ月分の蕎麦を打ち、ラップに包んで冷凍保存した。その蕎麦の評判が良く、いつしか勤めていた施設でも蕎麦やお手製の漬物を振る舞うようになる。

「ある時、施設が介護保険の不正受給をしていたことが発覚し、私を含めたすべてのパート職員はそこを辞めます。ただ、しばらくすると施設の利用者様から『川原さんの蕎麦と漬物が食べたい』という声が上がっていると正職員から聞かされ、じきに彼らが私の家に訪ねてくるようになったんです。

その話を聞いた地域の人たちも私の家に来て蕎麦を食べるようになり、ついには建築業の知り合いが不要になった建材を持ってきて『いっそのことここで店をやってくれ』というんです。ただ、建物だけでは店は始められません。私はもう二度と借金だけはしたくなかったので、二年ほどその建材を放ったらかしにしていました」

結果的に知り合いの大工の棟梁《とうりょう》が建材を使って店を建て、椅子やテーブルは地域の人たちが持ち込んだ。かくして、何も買い揃える必要がないまま、地域の人たちに渇望《かつぼう》される形で「田舎そば川原」が誕生したのだ。川原さんの人徳としか言いようがない。

なりゆきはともあれ、六十歳からの起業がかっこいい。しかもそれを成功させるところが、すごい。彼女もまたなりゆきに任せて生き、がんばらずに人生を覚醒させた。「シン・がんばらない」生き方の証明者である。

生涯現役で終われたら

店のオープンを予定していた一カ月前の五月末のこと。長年連れ添った夫が倒れ、一七日間という短い期間であっという間に他界した。腺《せん》がんだった。途方に暮れる川原さんは、実父の兄弟からこんな声をかけられる。「恵美子よの、人間っていうのは良いことばかりじゃないし、おまえは苦労ばかりじゃけど、また良いことがあるぞ。今年は九月十六日が一年で一番良い日やから、その日に開店せえ。おまえの心は皆さんがよう知ってるからな」と。川原さんはこの言葉に励まされて、店を開くことができたという。

YouTubeを始めたのは二〇二〇年。契機は常連客がもたらしてくれた。

「私には地位も名誉もお金もありません。財産と言えば、昔からコツコツと作ってきたレシピノートくらいです。それを誰かのために役立てることができないかと思っていたところ、常連のお客さんからYouTubeを勧められたんです」

川原さんは著書『ひとつひとつ、たいせつに。』（SBクリエイティブ）のなかで、次のように綴っている。「私の人生はいつもなりゆきです。自分から何かを求めて『いま』にたどり着いたわけではありません。ありがたいことに、いつも誰かに求められて、誰かに導かれて『いまここ』

にいます」と。改めて「なりゆき」というのは良い言葉だなと思った。なりゆきに任せて生きるというのが「シン・がんばらない」の一つなのかもしれない。

川原さんがYouTubeで紹介するレシピには、彼女の人生が詰まっている。例えば「揚げない唐揚げ」には、十代の頃のこんな思い出がある。

「お祭りが近づいてくると、近所の人たちはみんな天ぷらなんかの揚げ物を作るんです。だけど、我が家にはお金がありませんから、食用油が買えない。それでも妹や弟にひもじい思いをさせたくないので、寝ても覚めても少量の油で何とか揚げ物に似せた料理ができないかと考えていました。そうして使い古した少しの油で作ったのが『揚げない唐揚げ』だったんです」

兄弟姉妹を喜ばせるために苦肉の策として発明した〝揚げない唐揚げ〟は、半世紀以上経ったいまでは〝ヘルシーな唐揚げ〟として視聴者の役に立っているのだ。油は摂りたくないけれど、タンパク質をしっかり摂りたい。そして何より、唐揚げは美味しいから我慢したくない。そんな気持ちは僕もよくわかる。

「田舎そば川原」では店主の川原さんの他に四名のスタッフが働いている。いずれも七十代から八十代の地元の女性たちだ。加えて、店が営業しているあいだは必ず誰かしら常連客がいる。地元の人々にとって、ただ単に食事をする場というだけでなく、憩《いこ》いの場になっているの

Youtubeで配信する動画の撮影をする川原さん

だ。そして、「田舎そば川原」には、店主よりも高齢の客が通う。その客たちは口々に「この店に来ると、親のところに来たみたい」と言うそうだ。

ある時、常連客から店のメニューにないカレー蕎麦が食べたいと言われた。川原さんが「それは無理じゃわ」と言うと、客は「なら、レトルトカレーを持ってくるから、蕎麦にかけてくれ」と言う。

「さすがにそれは可哀想だと思ったんで、その方のためにカレー蕎麦を作って、いつ来ても食べられるように冷凍するようになったんです。いまもメニューには載せてませんけど」

僕は「カレー蕎麦」が大好物だ。今回はｚｏｏｍでのインタビューとなったけれど、いつか香川県に足を運んで川原さんの「カレー蕎麦」を食べてみたいと思っている。最後に川原さんがこんな話をしてくれた。

「店という形にはしていますけど、私が商売をしたくてやってるわけじゃないってことを皆がわかってくれてるんです。もともと人助けで始まったわけですから、このまま生涯現役で終われたら良いなと思ってます。お金がなくても、皆さんから頂いた私にしかわからない幸せがたくさんあるので、後悔はありませんよ」

きっと川原さんも溝井さんも、生涯現役で「ピンピン」と仕事をしていくのだろう。僕も二人の〝先輩〟を見習わなければならない。「ピンピン」と仕事をして、「ひらり」と軽やかに逝く、シン・がんばらない生き方を目指したい。ヒントは好奇心だと思っている。

生島ヒロシさんと語り合う七十歳からの健康法。

二〇二三年七月四日にアナウンサーの生島《いくしま》ヒロシさんとの共著『70歳からの「貯筋《ちょきん》」習慣』（青春出版社）を刊行した。タイトルのとおり、七十二歳の生島さんと七十五歳の僕が行っている「貯筋（筋肉を維持する）」の習慣と、そのために欠かせない生活習慣・食事習慣などを詰め込んだ一書である。

生島さんと僕の付き合いは長い。生島さんがメインパーソナリティを務めるＴＢＳラジオ「生島ヒロシのおはよう一直線」に出させてもらうことになったのが付き合いの始まりだった。ある時、海外出張から戻った直後に、時差ボケと疲労があって朝の生放送に間に合わなかったことがあった。生島さんは怒るどころか軽く流してくれ、あとから放送を聞くと僕が出演するはずの時間を慌てながらも一人で楽しくつないでくださっていた。それ以来、僕は生島さんに頭が上がらない。

出版社の編集者から共著の依頼があった時、スケジュール的にはとても受けられる話ではなかった。というのも、僕はすでに二〇二四年秋まで出版予定がいっぱいだったのだ。しかし、共著のお相手が生島さんだと聞くなり、二つ返事で引き受けてしまった。頭が上がらないということもあるが、生島さんとの共著なら絶対におもしろい本になるという確信があったからである。

僕の確信は間違っていなかった。「貯筋」だけでなく「貯金」と「貯菌」という三つの〝チョキン〟を取り上げ、七十歳を過ぎても誰でも今日から始められる、人生にいいことしか起きない楽々健康習慣の一冊ができあがった。そこで、この本の紹介も兼ねて共著者である生島さんにお話を聞くことにした。生島さんの来し方やその人柄からは、日々の生活や人生に希望を見出すヒントを得られるはずだ。

――バブル崩壊の時期に一〇億円の借金

とある週末の昼下がりに行ったオンラインでのインタビュー。画面の向こうに現れた生島さんは、どうやら寸前まで昼寝をしていたようだった。

「週末で疲れてしまって、爆睡していました。すみません」

七十歳を過ぎたいまも第一線で活躍する生島さんである。いくら体力があるとは言え、このときは「疲れが溜まれば昼寝もするのだろう」くらいに受け止めていた。ところが、話を聞き進めていくうちに、この昼寝が生島さんの健康な日々を支えていることがわかってくる。

生島さんに初めに聞いたのは、バブル崩壊の時期に抱えた一〇億円の借金のこと。さまざまな困難を乗り越えてきた読者の皆さんにも共感してもらえる話になるのではないかと思ったからだ。生島さんは一九七五年に米・カリフォルニア州立大学ロングビーチ校を卒業し、翌七六年にＴＢＳにアナウンサーとして入社。三年目に深夜ラジオ「生島ヒロシの夜はともだちⅡ」で一世を風靡《ふうび》し、その後はテレビにも進出する。

一九八九年、三十九歳の時に独立してフリーアナウンサーとなり、株式会社生島企画室を設立する。順調に業績を上げ、不動産投資や金融投資でも利益を上げるようになった。ところが、その時は突然やってくる。バブルが崩壊し、テレビの仕事が減った。手元に残ったのは一〇億円もの借金だった。

「いまとなっては〝乗り越えた〟って言われますけど、当時は内心ハラハラドキドキでしたよ。当初は順調に返済していたんだけど、途中で潮目が変わった時には本当に悩み苦しみました。ただ、コツコツやっていかないと人様に迷惑がかかってしまう。度胸《どきょう》があるとか、腹が据わってるとか、肝が据わってるとかではなくて〝何とかなるさ、何とかするさ〟との思いで諦めずにやってきました。あとは〝生島君のためなら〟と応援してくれる人たちがいてくださった。それで何とか乗り越えることができたんです」

筋肉のサポートで乗り越えられた？

生島さんはアメリカ留学時代に空手に打ち込んだそうだ。ふと、大きな困難を乗り越えられた理由の一つに、若い頃に身体を鍛えていたことがあったのではないかという気がした。筋肉が、間接的にというか、目に見えない形で生島さんをサポートしてくれたのではないか。

「鎌田先生がおっしゃるように、筋肉は行動力の源になりますよね。筋肉がなくなるとやる気も起きなくなるんです。ただ、じつはフリーになってからは仕事が優先だったので、運動習慣がなくなってしまったんです。筋肉の重要性を再認識したのは六十四歳の時に挑戦したライザップでした。あの時には、トレーニングと同じくらい食事が大切だということを知りました。低糖質で食事を楽しみながら運動も怠《おこた》らない。最近は、運動をすると運動脳ができて、血流が良くなり、認知症にもなりにくいとも言われてますよね」

ここに生島流のシン・がんばらない生き方があるように思った。

ライザップ以降、いまも運動は続けている。朝のラジオ番組を終えると出演者と動的ストレッチをする。これが実におもしろい。毎日のように動画が送られてくる。午前中のうちにプールに行って泳ぐ。特に近頃は、筋肉を鍛えることがメンタル面にも良い影響を与えてくれると実感しているという。

「あとは空手の影響ですかね。アメリカ留学時代に何度も危ない目に遭いましたが、そういう時は息を整えて、気持ちを落ち着かせるんです。そうすると冷静に見えてくる。武道は戦いがベースにあるスポーツですから、闘争本能も湧いてくるし、相手に対する礼儀作法も自然と身につきますからね。それらがどのくらいその後の困難に直面した時に生きたかはわかりませんが、空手をやっていて良かったとは思いますね」

生島ヒロシさん

運動は楽しむことが何よりも大切

「おはようヒロシ体操」という体操をご存知だろうか。この節の冒頭でも触れたラジオ番組「生島ヒロシのおはよう一直線」の放送開始二〇周年の時に作られた番組オリジナルの体操で、ＤＶＤにもなっている。コンセプトは踊りの要素も入れた楽しい体操。生島さんの次男・翔《しょう》さんは俳優とコンテンポラリーダンサーをしており、その彼に振り付けを依頼したという。

この体操、簡単な踊りを楽しくやっているだけに見えるのだけど、一つ一つの動きをつぶさに見てみると、体操として理に適っていることがよくわかる。

「空手は関節に負担がかかるのでもうやってはいません。その代わりに、太極拳や気功なんかは僕くらいの年齢にはちょうど良いんです。なので、体操にはなんちゃって太極拳や、なんちゃって気功を取り入れることにしました。あとは、相撲の四股《しこ》を取り入れたり、バレエの動きを取り入れたり、おもしろそうなものはなんでも取り入れていますね」

運動は楽しむことが何より大切だ。楽しくなければ続かない。それは、僕も普段の健康づくり運動や講演などでいつも強調していることだ。生島さんの体操には見事にこの〝楽しさ〟が組み込まれている。

生島さんは健康情報にも明るい。今回の共著でもいろいろと健康に関する知識を披露《ひろう》してくださった。じつは生島さんには医師などの健康や医療の情報に詳しい友人がたくさんいて、その彼らがいわば〝生島後援会〟となって情報を提供してくれているそうだ。

ある時、生島さんから『米国医師会雑誌（ＪＡＭＡ）』に掲載された認知症に関する論文が送られてきた。話を聞くとアメリカ留学時代の大学の同級生が教えてくれたものだという。超加工食品と認知症の関連についてのサンパウロ大学医学部の研究をまとめた論文だった。

まさか論文まで読んでいるとは

超加工食品とは、複数の食材を工業的に配合して製造された食品のこと。インスタント食品やスナック菓子、ゼリー、ソーセージ、ハム、マーガリン、菓子パン、炭酸飲料、清涼飲料水などである。生島さんから送られてきた論文では、この超加工食品の摂取カロリーが一日の摂取カロリーの二〇パーセントを超えると認知機能の低下のペースが二八パーセント速くなることが明らかになったと書かれていた。僕が読んだ他の論文には、超加工食品は「一〇パーセント未満ならそれほど影響はない」とあった。身体に良くないからといって、それをゼロにするのはなかなか難しい。個人的には一〇パーセント未満を目標としつつ、二〇パーセント未満に抑えるのが最適解だと考えている。しかし、生島さんが『ＪＡＭＡ』まで読んでいることには驚いた。ラジオで二五年間も健康情報を発信してきた実績は伊達ではない。

「認知症については何人もの専門の先生に聞きましたけど、一番の予防は仕事を辞めないことですね。仕事を続ければ日銭を稼ぐこともできる。だから、認知症になることを恐れている人にはいつも、だったらちょっとでも長く働きましょうって申し上げています」

もう一つ生島さんが凄いのは、保有している資格や検定の数である。ファイナンシャルプランナー、福祉住環境コーディネーター、金融知力普及協会認定インストラクター、ヘルスケア・アドバイザー、防災士、eco検定（環境社会検定）、NPO日本食育インストラクターと、七つの資格・検定を持っているのだ。健康だけでなく、金融の知識もある。だから、今回の共著では「貯金」も取り上げた。特に認知症患者の凍結資産について語り合った部分は、かなり有益な情報になっているはずだ。

寸前まで昼寝をしていた理由

テレビもラジオも朝の番組を担当している人たちは大変だ。ただでさえ、睡眠に問題を抱えている人が多いなか、四半世紀にわたって朝の番組を続けてきた生島さんはどんなふうに眠っているのだろうか。ここで先ほど触れた〝昼寝〟についての意外な話が出てくる。

「僕の場合は〝分割睡眠〟なんです。よく人から、夜は八時や九時には寝るんですよねって言われるんですけど、そんなことはない。自分の番組のために夜のニュースはチェックしなければばならないし、寝る前にYouTubeやネットフリックス、アマゾンプライムなんかを見る習慣もあるんで、そんなに早くは寝られないんです。だから眠りにつくのはいつも大体深夜〇時くらいかな。

それで起きるのは三時半から四時くらい。出勤して、仕事が終わったらさっき言ったようにプールに行きますよね。そうすると、心地よい疲れがあるので昼頃に帰宅したらそこからもう一度寝るんです。ここの睡眠が夜よりも熟睡できるわけです。昼も大体三時間から四時間は寝ますね。三〇分以上の昼寝は認知症につながるという説もありますが、僕の場合は夜の睡眠が短いので昼にたくさん寝て七時間から八時間の睡眠を確保しているんです」

寝る前にはグリシンというアミノ酸が配合されたサプリメントを飲むそうだ。目覚めがシャキッとするらしい。確かにその系統のサプリに近い睡眠薬があるので、サプリも効く可能性はある。好評なようだから、睡眠障害がある人はサプリメントを試してみたら良いのではないだろうか。

「寝られないと焦りますよね。焦ると余計に眠れなくなる。それだと悪循環に陥ってしまいます。もし寝られないなら、湯船に長めに浸《つ》かって、横になるだけでも骨休《ほねやす》めになるので、無理やり寝ようと思わなくてもいいんじゃないですかね。寝られなくて死んだ人はいないとも言われますから、気楽に考えるほうが良い気がします」

悩むより動け悩むより歩け

生島さんは、借金問題に苦しんだ時も眠れなくなることはなかったそうだ。睡眠もまた困難を乗り越えるためには重要なことなのかもしれない。

「運動すると、体が鍛えられるだけでなくて、いろいろと余計なことを忘れられますよね。あと、体が疲れるので自然と眠れるようになる。だから、もしも悩んでいる人がいるならば、悩むより動け、悩むより歩けって言いたいですね。睡眠力は大事ですから。それこそ、本のなかでも取り上げた〝鎌田式ウォーキング・速遅歩き〟がおすすめですよね」

「速遅歩き」はその名のとおり速歩きと遅歩きを三分×二セット行い、最後に三分速歩きをする。これをバージョンアップしたものが「認知症予防ウォーキング」だ。歩幅を五〜一〇センチ広めにして歩く「幅広歩行」を一分、歩幅を戻して競歩のように歩く「ピッチ歩行」を一分。そのあと「ゆっくり歩き」を一分挟んで、再び「幅広歩行」と「ピッチ歩行」を一分ずつだ。読者の皆さんも、ずんずん歩いて認知症を予防してもらいたい。

筋肉に睡眠そして優しさ

生島さんは、番組に間に合わなかった僕に対する優しさを、いまも縁あるすべての人に振り撒き続けている。今回の共著では、「自分のため」ではなく「誰かのため」に生きれば、健康と幸せにつながるということを、僕と生島さんのそれぞれの視点で述べた。

生島さんからのお中元は毎年、故郷であり、東日本大震災の被災地でもある宮城県気仙沼市《けせんぬまし》の名産品が送られてくる。それは生島さんの思いが詰まった粋《いき》な計らいなのだ。復興支援って口で言うのは簡単だけど、実際に動かないと意味がないし、何よりも経済的に潤《うるお》ってこそ復興だ――というのが生島さんの考え方だ。お中元には、生島さんの優しさが詰まっている。

ここ最近は、人々が怒りや不満を剥《む》き出しにする社会になりつつある。そんな世の中にあって、生島さんはなぜそんなに人に優しくできるのか。最後に僕がそう問いかけると、生島さんははにかみながらこんなふうに話してくれた。

「いやいや、僕はどっちかと言えば短気ですよ。妻の一言で頭に来ることはしょっちゅうで、そのたびに六秒我慢して怒りを鎮《しず》めてますから。うまくいかないこともありますが……。だけど、最近のネットの世界を見ていて思うことはありますね。皆が正義を振りかざそうとしているというか、白黒はっきりさせようとしていますよね。日本の人たちの良さってグレーゾーンとか、中庸《ちゅうよう》とか、白黒はっきりさせないところにあると思うんです。だから、自分の正義を振りかざすのではなくて、相手の立場やいろいろな意見をまずは受け止めていくのが大切だと思いますね。

かく言う僕もできてませんよ。僕の先輩に何があっても怒らない人がいるんです。鎌田先生もそうですよね。僕は昔からそれができない。やっぱり、怒りや自分の正義を何とか鎮めて、良い形の着地に持っていける人が大人だし、達人ですよね。そうなろうと日々努力しています」

筋肉に睡眠、そして優しさ——。この三つがシン・がんばらない生き方には大切なんだ。生島ヒロシが困難を乗り越えられたのは、その三つが大きな要因なのかもしれない。

自分とは異なる他者への〝まなざし〟。

コロナ禍によって一変した僕たちの生活。以前にも増して、他者との社会的な接触が減っているような気がする。人種、国籍、性別、宗教、思想、容姿、世代、趣味嗜好――。日本でも多様性という言葉をよく耳にするようになったものの、果たしてどれくらいの人々が自分とは異なる他者の存在を認め、触れ合い、心を通わせているのだろうか。

僕は、二〇〇四年にＮＰＯ法人「ＪＩＭ-ＮＥＴ（日本イラク医療支援ネットワーク）」を創設し、いまもその名誉顧問を務めている。ここで少し、同法人の活動を紹介したい。

一九九一年に起きた湾岸戦争以降、イラクでは子どもたちのあいだでがんや白血病が増えている。因果関係はまだ判然としていないが、湾岸戦争に加えて二〇〇三年に始まったイラク戦争でも使用された、劣化ウラン弾による被曝が原因ではないかと言われている。

日本ではこの間、例えば小児白血病については治療技術が著《いちじる》しく進歩し、いまでは八〇パーセント以上が治るとされている。しかし、湾岸戦争後のイラクでは、国際社会から経済制裁が科されたことで、病院の施設は老朽化し、薬は欠乏した。その結果、がんや白血病を患った多くの子どもたちが命を落としてしまったのだ。

そんな現実に対して「何かできることがあるはずだ」との思いを抱いたNGOの活動家や医師たちによって「JIM-NET」は誕生した。

「JIM-NET」では、主にイラクにある五つの小児がん病院のサポートや、シリア難民の支援などを行っている。二〇一九年五月には、イラク北部のアルビルにあるナナカリ病院という小児がん病院の敷地内に三階建ての「JIM-NETハウス」をオープンした。ここには入所している子どもたちが遊んだり学んだりできる設備の他に、遠方から見舞いに来る家族の宿泊施設も備えている。建設費用は外務省の「日本NGO連携無償資金協力」という助成金を活用させてもらった。

そんな「JIM-NET」では、二〇〇六年より冬季限定(十一月~二月)で「チョコ募金」というキャンペーンを行っている。寄付をしてくださった方に、お礼として缶に詰めた六花亭のチョコレートをプレゼントするという取り組みだ。チョコが入った缶には、がんや白血病を患った イラクの子どもたちが描いた絵がプリントされている。

絵は毎年違う子に描いてもらっていて、二〇二〇年は六歳から十六歳までの四人の女の子が描いてくれた。花の絵が二種、鶏と羊の絵がそれぞれ一種で、一缶五五〇円。四種セットで二二〇〇円となっている。集まったお金は、イラクの子どもたちの医療やシリア難民の支援、福島の子ども支援などに使わせてもらっている。

早いもので、二〇二〇年で「チョコ募金」も一六回目を数える。この年は十一月六日にオンラインでのキックオフイベントを開催し、同十六日から申し込みの受け付けを開始した。イベントでは、現地駐在員による活動報告に加え、音楽評論家の湯川れい子さんや、イラン出身の女優サヘル・ローズさんなどを招いたスペシャルトークが催された。

また、その前後にはファッションブランド「tenbo」のデザイナー・鶴《つる》田《た》能史《たかふみ》さんがミニファッションショーを、ピアニストの堀江明子さんがリサイタルを行ってくださった。

スペシャルトークのなかで、サヘルさんの言葉が特に心に残った。一九八〇年代に起きたイラン・イラク戦争の最中、四歳で孤児となった彼女は、七歳までを児童養護施設で過ごした。その後、八歳の時に養母とともに来日し、高校生の頃から日本で芸能活動を行うようになった。

そんな彼女が、二〇一九年に初めてイラクを訪問した折に「ＪＩＭ‐ＮＥＴハウス」に足を運んでくれた。

鶴田能史さん

「私はイラン出身なので、かつて苦しい思いをした周囲の大人たちから、イラクについてさまざまなことを聞かされて育ってきました。やはり、どうしても敵意を持っている人たちがいるのです。

そうしたなか、私の養母は〝そんなことはない〟というんです。互いに苦労して生きているのだから、そこには敵も味方も、正義も悪も存在しない。大人になったら実際に足を運んで、自分の目で見てきなさいと。

そうした養母の言葉があって、私のイラク訪問が実現したんです。『JIM-NETハウス』で、病と闘う子どもたちと抱き合った際、彼らの心臓は懸命に動いていました。人種や国籍、宗教などは関係なく、純粋に〝この心臓の音を守っていきたい〟と思いました」

――初めてスカートをはいた年頃の女の子

ここからは、先述のファッションブランド「tenbo」を取り上げようと思う。同ブランドは、二〇一五年に東京コレクションでデビュー。とりわけ、障害者のモデルを起用したことに注目が集まった。

「世の中全ての人へ」とのコンセプトを掲げ、国籍や年齢はもちろん、性別や障害の有無にかかわらず、すべての人が分け隔てなくオシャレを楽しみ、笑顔になれる服作りを目指している。

「障害者の服というのは、機能性ばかりが重視され、ファッション性は皆無と言えます。障害者の服を作っているのは福祉系のメーカーばかり。私が知る限り、ファッションブランドで障害者の服を作っているところは、二〇一五年時点ではほとんどありませんでした。

つまり、障害者は健常者と比べて、オシャレをする機会に恵まれていないわけです。選択肢も本当に少ない。実際に tenbo の服を着てくださった障害者のなかには、生まれて初めてスカートをはいたという年頃の女の子がいました。また、一度も口紅を塗ったことがないという寝たきりの三十代の女性にもお会いしたことがあります」（鶴田さん）

彼の発想は、優しくて、新しくて、深い。

ひとことで障害者と言っても、それこそその程度や種類は百人百様。そのため、tenbo は一人ひとりの身体に合わせた服を、すべてオーダーメイドで仕立てている。

tenboのデザインには、いくつかの特徴がある。その一つが磁石のボタンだ。例えばシャツを脱ぎ着する時に、ボタンを一つ一つ留めたり、外したりするのは、健常者でも面倒だ。指や手が動かなかったり、動きにくかったりする人にとっては、ボタンがあるだけで、その服が着られなくなってしまう。そこで鶴田さんが考えたのが磁石のボタンだった。

あるいは、手や指が不自由な人のためにファスナーの引き手部分に大きな輪っかを付けたり、寝たきりの人や車いすの人の褥瘡《じょくそう》（床《とこ》ずれ）防止のためにシームレス（縫い目がない）のズボンを作ったり、視覚障害者のための点字をシャツやジャケットの柄に使用したりもしている。この点字を使ったスーツはX JAPANのSUGIZOさんも着ていて、僕も愛用している。

ハンセン病の後遺症で指先が曲がってしまっている回復者の方に向けての衣装デザインには、ポケットをあしらい、いつでも手を隠したりできるようにさり気ない温かい配慮もされているそうだ。

鶴田さんは、服飾の専門学校を卒業した後に有名ブランド「ヒロココシノ」に勤務。その後は、別の会社での子ども服のデザインや、専門学校の講師をしていた。本人には、障害や病気があるわけではないという。そんな鶴田さんが、障害者の服を作るようになったのは、どうしてなのだろうか。

「障害者の服を作り始めたのは、三十歳の時でした。それまでは、いつかはデザイナーとして独立できたらいいなと、悶々とした日々を過ごしていたんです。

高校生の頃にアルバイト先の先輩の影響でファッションに目覚めたのですが、服飾の仕事に就くようになってからも、ずっと世の中のファッションには違和感を抱いていました。ファッションショーを見に行っても、背の高い美男美女がカッカッと歩いていて、全然親近感が湧かない。モデルが着れば格好良いに決まっていて、背が低い人なんかのことは、そもそも考えられていないんです。

鶴田さんがデザインした点字のスーツ。僕のお気に入りだ

自分がデザインをするならどんなものが良いかということを、いつも考えていました。そうしたことを考えているうちに、だんだんと〝本当に人々に求められるものを作りたい〟という気持ちが強くなっていったんです。そんな時に、たまたま出会った人たちから、障害者のファッション事情について聞かされ、誰もやっていないなら自分がやってみようと

いう使命感で障害者の服作りを始めたんです」

鶴田さんの活動には、まさに自分とは異なる他者に対する〝まなざし〟があるように思う。

tenboに出合えて人生が変わった

ある時に、応募さえすれば誰でも参加できる障害者や病を患う人のファッションショーを開いた時のこと。二十四歳という若い女性が応募してきてくれたそうだ。

「お話をうかがうと、その女性は乳がんが脳へ転移する末期状態で、医者から余命宣告を受けたというのです。しかも、彼女を看取る覚悟を決めた夫は、応募の数日前に心臓発作によって妻よりも先に急逝《きゅうせい》してしまったと。あまりの状況に私も言葉を失いました。それでも彼女は、最後の思い出としてファッションショーに応募してくださったのです。

肌が弱かった彼女は、それまで一度もメイクをしたことがありませんでした。ショー当日に、仕立てられた服を着て、オーガニックの化粧品でメイクをした彼女は、これまでとは見違えるようでした。驚いたのは、ステージの上で笑顔を見せてくれたことです。というのも、初めてお会いした時からショー当日まで、私は一度も彼女の笑顔を見たことがなかったのです。

彼女の様子に驚いたのは私だけではありませんでした。彼女の家族はもちろん、後から話を

鶴田さんがデザインした車いすファッション（写真＝tenbo デザイン事務所提供）

聞くと、彼女自身も自分が笑っていることに途中で気がつき、驚いたというのです。そして、ショーの後には、その日の写真を自分の遺影に使いたいと言ってくれました」

彼女の命は崖っぷちだった。それでも新しい服を着たり、お化粧することで、生き方の覚醒ができたのではないかと思った。

その二十四歳の女性は、応募してきた時点ですでにいつ容体が悪くなってもおかしくなかった。しかし、ファッションショーで生きる力が湧いたのか、その次に予定されていたショーにも参加してくれたという。

「彼女にとって三回目のショーにも出演してくれる予定でいましたが、残念ながら開催の前に息を引き取られました。とはいえ、いつどうなるかわからない状況だったにもかかわらず、最初に出演されたショーから三カ月も生きられたのです。

亡くなる前に、彼女は病床からのビデオレターを私たちに届けてくれ、〝tenbo に出合えて人生が変わった。最後の三カ月は本当に楽しかった〟と語ってくれました」

南デンマーク大学の研究に、双子を対象としたこんなものがある。

ほとんど同じ遺伝子を持つとされる双子であっても「美しくいたい」「若々しくいたい」という気持ちが強く、それなりに着飾る習慣があるほうが、年を重ねても認知機能が衰えず、寿命が長い傾向があるというのだ。

医療の世界には「一次予防」「二次予防」「三次予防」という言葉がある。「一次予防」は健康な人に対するそもそもの疾病の予防を、「二次予防」はすでに病気になった人の重症化の予防を意味する。そのうえで「三次予防」には、後遺症や再発の予防だけでなく、残存する機能の回復や維持も含まれる。

僕は一九七〇年代から一貫して、健康づくり運動を行ってきた。そこでは、一次予防から三次予防までに関わることとして、いくつになっても、また仮に病気を患っても、〝常に美しくあろう〟とする意識づけが大切だと訴えてきた。鶴田さんの取り組みは、障害者や病を患った人々に対してファッションの楽しさを提供するだけでなく、彼らの健康にも寄与しているのだ。

誰も犠牲にしない公正な平和を目指す

そんな鶴田さんが、二〇二〇年の「チョコ募金」のイベントでミニファッションショーを開いてくださったのには、こんな背景がある。

「ＪＩＭ‐ＮＥＴ」がこれまで活動を続けてこられたのは、物心両面で多くの方々に支えてもらっているからだ。支援仲間の一人に、ロックバンドのＬＵＮＡ ＳＥＡやＸ ＪＡＰＡＮで活躍するギタリストのＳＵＧＩＺＯさんがいる。

ＳＵＧＩＺＯさんはこれまでに、イラクにあるシリア難民のキャンプや「ＪＩＭ‐ＮＥＴハウス」でライブを開催してくれたり、限定モデルのギターの販売によって得られた収益を「ＪＩＭ‐ＮＥＴ」に寄付してくれたりしている。この年の「チョコ募金」のイベントにもビデオメッセージを寄せてくれた。そのＳＵＧＩＺＯさんのステージ衣装を手掛けていたのが鶴田さんだったのだ。ちなみに、鶴田さんをＳＵＧＩＺＯさんに紹介したのは、先述のサヘルさんだったそうだ。

ミニファッションショーでは、イラクの子どもたちが「チョコ募金」の缶のために描いてくれた絵を柄に用いて鶴田さんが服を製作してくださり、僕を含めたイベント登壇者がモデルを務めた。僕たちが着た服はtenboのオンラインショップや、この年の十一月に千葉県の木更津市に新たにオープンした店舗で買えるそうだ。

最後に、二〇二〇年の「チョコ募金」の缶の絵を描いてくれた四人のうちの二人を紹介したい。

鶏の絵を描いてくれたシャグールという十五歳の少女は、二〇一九年の初めに白血病と診断された。治療はうまくいっているものの、学校に通うことはできず、自宅での療養を余儀なくされている。まだまだ若い彼女にとっては、まるで足踏みをしているような気持ちを抱いているに違いない。

日雇い労働者として働いていた父親も脳卒中で倒れてしまい、家計は大変な状況にある。絵を描くことが大好きな彼女は、治療のために通院するたびに「JIM-NETハウス」に立ち寄り、院内学級やアクティビティに参加している。そんなシャグールの将来の夢は、看護師になることだという。

シリア難民のエリーンという六歳の少女は、一枚一枚の花弁の色が異なるカラフルな花を描いてくれた。彼女もまた白血病を患っている。二〇二〇年の初めに骨髄移植をすることができたものの、そのぶん免疫力が低下しており、新型コロナへの感染のリスクが高いため、通院以外には外出することができない日々を送っている。相当にストレスを感じているようだ。

　父親はいくつもの仕事を掛け持ちし、何とか家計を支えている。このままエリーンの状態に問題が生じなければ、年内中には故郷のシリアに戻り、以前の生活を取り戻したい。父親はそう語っていたそうだ。二〇二〇年も終わりが近づいてきた。エリーンの病状が安定し、家族が無事に故郷に帰ることができるように祈っている。

　二〇二〇年の「チョコ募金」のテーマには「Just Peace」という言葉を選んだ。ここでの「Just」は「ちょうど」ではなく、「公正（justice）な」の意味だ。つまり、公正な平和。平和には、自分とは異なる他者の犠牲の上に成り立つ平和がある。僕たち「JIM-NET」が目指すのはそんな限られた平和ではなく、誰も犠牲にしない公正な平和だ。

　日本人の僕たちからすれば、遠く離れたイラクやシリアのシャグールやエリーンは、まさに自分とは異なる他者だろう。しかし、僕は彼女たちの平和を目指す。彼女たちが病を克服し、希望を持って夢を叶える。それこそが、僕が目指す公正な平和だからだ。

音楽って、「手渡し」するもの。

大好きな日本が壊れないように、コロナ禍に入って、さだまさしさんと僕は「風に立つライオン基金」で、医療崩壊や介護崩壊を防ぐために少しでも支援をしようと決めた。「風に立つライオン基金」はまさしさんが設立した団体で、僕は評議員を務めている。

コロナ感染が拡がった当初、「風に立つライオン基金」では、約二〇〇〇万円の予算をたてて、高機能マスクやサージカルマスク、高機能ガウンなどを、コロナ最前線で闘う病院、介護崩壊を土俵際で食い止めようとしている介護施設や在宅ケアの医師や看護師のところへ、届くように運動をしてきた。

特に福祉施設は感染症対策に対して弱いところがある。そこへ医師や看護師を派遣し、適切な感染症対策についてレクチャーを行うことで、介護従事者の方たちはとても安心する。その後も、インターネットを通じて、感染症対策の相談に乗るようにした。

そうした取り組みもあって、まさしさんとはずいぶん頻繁に、「風に立つライオン基金」のオンライン会議で会うようになった。とはいえ、今回は、まさしさんには「せっかくだから、希望が持てるような話をしよう」とお願いした。

初めにまさしさんに聞いたのはコロナ禍前のこと。まさしさんは、従来の日本人の精神性をどう見ていたのだろうか。「そうですね、ずいぶん歪《ゆが》んでいると思っていましたね」と話し始めたまさしさんはこう続けた。

「東日本大震災以降、鎌田先生と僕は、頻発《ひんぱつ》する自然災害の被災地で一緒に支援活動をしてきました。驚いたのは、西日本豪雨の時に岡山県の総社市で知り合った高校生たちです。彼らはインターネットやＳＮＳを駆使できることもあって、情報の共有や連携がすごく早い。大変なことが起きた時につながる力が、ものすごく強いんです。

ところがその半面、世の中にはネットやＳＮＳ上で人の悪口を言ったり、他人を貶《おとし》めたり、騙したり、嘘をついたり、フェイクニュースを拡散したりという人もいる。ネットやＳＮＳによって、日本人の精神性がだいぶ歪み始めたなと思っていました。

もちろん、総社市の高校生のように上手に使いこなしている人もいるんだけど、悪用する人たちもいて。今回のコロナ禍でも詐欺を働いている人がいる。一部の人とはいえ、これが最近の日本人の心根の表れだと思うと寂しいですよね。

そうした人たちにコロッと騙されてしまう〝平和ボケ感〟は、それはそれで悔しいし」

僕がコロナ禍前に感じていたのは、人が生きていくためには人への愛がとても大切なのに、それが薄っぺらくなってきているなということだ。だから、今回のコロナ禍で、人々の愛情に対する考え方が変わっていけば良いなと思っている。

さだまさしさん

当時は家族や職場、地域を愛しているからこそ、みんなが社会的距離を保ってきた。そのなかで「コロナ禍が終われば、大切な人を抱きしめよう」みたいな思いが強くなれば良いと思うのだ。まさしさんが口を開く。
「僕らはフェイス・トゥ・フェイスで互いの存在を確認してきたのに、それができなくなった。なんだかよくわからないものに、試されているような気がするよね。こんなに不自由な病気に、僕は生まれて初めて出会った。人と会ってはいけないから〝クルナウイルス〟だよね(笑)。
音楽仲間と話していても、『会いたいけど、いまは無理だな』って会話になる。このジレンマに慣れてしまうと、コロナ禍の出口に立った時に、ミュージシャンとしての自分たちの表現も変わってしまうんじゃないかと不安になりますよね」

まさしさんがいうように、毎日オンライン会議で顔を合わせていても、以前みたいに「たまには久しぶりに会議の後に飲み会でもやろう」とはならない。オンラインでできないこともないのだけど、僕たちの場合はなかなかそんなふうにならないのだ。

「パソコンやネットに詳しい人は、それこそオンラインで飲み会をやったりして、ある程度は以前の生活スタイルを維持できているのかもしれないけど、僕はそこまでネットの人間じゃないのでね。

例えば、パソコンで原稿を書いている時には、他の作業ができない。だけど、毎日オンライン会議をしないといけない。だから、コロナ禍の外出自粛期間は、僕にとっては初めてネットと真正面から向き合う時間になりましたね。それもあって、原稿がなかなか進まないんだ(笑)。どうしてかというと、ルーティーンが崩れてしまって……。

いままでは、例えば午後六時から九時までコンサートをして、終わったら食事をするでしょ。だからホテルに帰るのは午前零時とか一時とか。そこから原稿を書き始めて、早朝になってようやく眠るんです。そして昼頃に起きて、また夜はコンサート。そんなルーティーンでした。

それが、コロナ禍では、何時に起きても良いから、何時に寝ても構わない。一日のうちに原稿を書くという漠然とした予定しかないと、切迫感がないいんですよね。散漫になってしまう。だから、専業の小説家って大変だよね。執筆以外にすることがないと、僕だったら煮詰まると思う」

そういえば以前、珍しくまさしさんから朝なのに返信があった。話を聞くと、朝から携帯が「ブーン」と鳴ると、反応しなければいけない気がするそうだ。いわく「一人時差ボケ」――。冷静さを保つために、以前から積んであった本を順番に読んでいたという。

では、まさしさんはコロナ禍をめぐる日本社会や人々の状況については、どう見ているのだろうか。

「日本で暮らす人々は、本当によくがんばっていると思います。ロックダウンではなくて、外出自粛でよくここまで抑え込めていますよね。他の国だったら、なかなか日本みたいにはできないと思う。ただ、その一方で、こういう見方もできる。自粛によって抑え込めなければ、強制力のある法律ができたり、道路が遮断されたり、県境に自衛隊や警察が立って検問したり、みたいな社会になってしまいかねない。そんなのはまっぴらごめんですよね。だから僕は、何とか自粛で感染拡大を抑え込もうよって発信をしてきました」

確かに、自粛でここまで抑え込めるのは素晴らしいことだ。休業要請に応じないパチンコ店や、その店に行く人々に対して、みんな目くじらを立てて非難しているが、そういう人たちが一定数いるのが人間の集団とも言える。僕自身もイラッとはしたものの、だからといって強権を発動して規制すれば良いとは思わない。

逆の言い方をすれば、政府の要請を受けて、国民の全員が「右向け右」で同じ方向を向くわけがない。個人的には、政府や専門家会議には良い点数をつけられないと思っているけれども、僕もまさしさんと同じで国民はよくがんばっていると思っている。

専門家会議については、初めから公衆衛生学の専門家だけでなく、免疫学者や心理の専門家、臨床医、行動変容の専門家も入れて、総合力でコロナに立ち向かうべきだったと思う。まさしさんによると、音楽関係でも諮問《しもん》委員会のようなところに呼ばれるのはミュージシャンではなく、プロダクションの社長や、プロモーターの代表などだという。僕たちは「やっぱり大事なのは現場の声」という意見で一致した。

見過ごされてしまう人々

まさしさんは、ある人からこんな話を聞いたという。

「火葬場で働いている人たちは、防護服があるわけでも、マスクが潤沢にあるわけでもない。だから、『いつ遺体から感染してもおかしくない』という恐怖心を抱いて仕事をしていると。

こうした声に対して、『コロナで亡くなった人は、ちゃんと防護されてから棺《ひつぎ》に入っているから大丈夫だ』という声もある。だけど、独居高齢者とかで死因が判明していない場合もありますよね。その人がもしも感染していたら、防護されないまま火葬場にやってくるかもしれない。大切なのは、恐怖心を抱きながら働いている人が現実に存在することだと僕は思うんです。

志村けんさんや岡江久美子さんの訃報に接して、亡くなった方の家族が故人に会えるのは遺骨になってからという事実を、多くの人が報道を通して知りました。だけど、火葬場の人々がどんな思いで働いているのかはあまり知られていない。

僕自身は、医療従事者に対しては、すぐに『風に立つライオン基金』で支援を始めたものの、話を聞くまでは火葬場で働く人々には思いが至っていなかった。虚をつかれた感じでした」

僕はまさしさんのこうした視点が好きだ。世の中には、忘れられたり、見過ごされたりする人たちがいる。だから、そういう人たちの存在に気がついた人が、声を上げないといけない。

ある時に、「よりそいホットライン」のスタッフから話を聞いた。「よりそいホットライン」というのは、東日本大震災を契機に始まった電話相談で、ＤＶの被害者やセクシャルマイノリティー、外国人、広域避難者などの社会的孤立や自殺の防止を目的としている。

そんな「よりそいホットライン」も、コロナの影響を受けており、特に都市部では外出自粛のためにボランティアがなかなか集まらず、二四時間体制の維持が難しいというのだ。ただ、いまのところは感染がそこまで拡大していない地域の回線をうまく利用して対応しているそうだ。

影響は他にもある。一〇万円一律給付（特別定額給付金）事業の実施が決まった後に、ＤＶや虐待の被害者からの電話相談が増えたという。フランスでは比較的早い時期から、外出規制によってＤＶが三割増加したという報道があったが、日本では潜在化してしまっていた。それが、特別定額給付金で顕在化したのだ。ＤＶや虐待があること自体は決して看過できないものの、被害者たちが自ら声を上げ始めたのは、解決に向けて一歩前進なのではないかと僕は思っている。

オンラインでは伝わらない

個人においては、ただ影響を受けただけでなく、コロナ禍を機に新たに挑戦を始めたという人も少なくないはずだ。まさしさんの何気ない話からは〝プロ意識〟が垣間見えた。

「感染対策という意味では、気をつけていますけどね。ただ、僕はインフルエンザに感染したり、風邪をひいたりすると、コンサートができないので、普段からマスクをしたり、手洗いをしたり、それから声帯を守るための吸入をしたりは、念入りにやっていました。

新たに始めたことといえば、アルコール消毒ですね。これは、どうやれば効果があるかは勉強しました。だけど、いつまで神経質になっていれば良いのかと思うと、やっぱりストレスですよね」

僕には子どもが二人いて、それぞれに孫が二人ずついる。コロナ禍ではみんな離れて暮らしていて会えないので、家族でオンラインの「離れてつながる大コンサート」を開催し、そこで孫たちがバイオリンやギター、ピアノなどを演奏してくれた。離れながらもつながることの大切さを改めて実感した。

僕がその話をすると、まさしさんは「同じ時間を共有するだけでも違いますよね」と同意をしてくれたうえで、ミュージシャンとしての本音をつぶやいてくれた。

「だけど、目の前で演奏してくれたら、もっと伝わるんですよね。人と会うことができないいま、つくづく思うのは、やっぱり音楽って〝手渡しするもの〟なんですよ。

コンサートって、ただ単にミュージシャンが歌唱したり、演奏したりするのを聴くってことではないんです。同じ時間と空間を共有することで、初めて伝わるものがある。外出自粛期間に、ミュージシャンたちがオンラインで一つの楽曲を演奏したり、歌ったりしたじゃないですか。ネットでつながろうと。もちろん、その志は素晴らしいと思う。だけど、そんなのが一カ月、二カ月と続いた結果、多くのミュージシャンがそれに疲れちゃってるんですよ。誰かが『もう一度やろうよ』って言っても『もういいよ』と。そんなムードになってきている。

だから、やっぱり音楽は手渡しなんです。オンラインでは共有できないものがある。

例えば、コンサートに五〇〇〇人の観衆が来てくれたとします。僕が伝えたいメッセージや熱というのは、一人対五〇〇〇人という感覚でやると絶対に伝わりません。五〇〇〇人いたとしても、あくまで一対一なんです。そんな思いでやっても、九九パーセントの人にはメッセージや熱は突き刺さらない。大半の人は『楽しかった』『会えて良かった』『さだは元気そうだな』で終わる。もちろん、そう感じてもらえれば、僕としては十分です。だけど、五〇〇〇人のうち五人くらいには、こちらのメッセージや熱が、ドーンと突き刺さるんです」

音楽は手渡しするもの——。この視点はとても大切だと思った。ただ、仮にそうだとすれば、人と人が直接会うことができないコロナ禍の最中においては、音楽はその本領を発揮できないことになる。それはそれで寂しい思いもするが、まさしさんは確固たる考えを持っていた。

「僕は、音楽はいま、その本領を発揮できないと思っています。音楽が本来追究すべきものは、いまは完全に閉ざされている。

ドイツの哲学者にヴァルター・ベンヤミン（一八九二―一九四〇）という人がいます。この人は『複製技術時代の芸術作品』という著作のなかで、『ほんもの』の芸術作品は、『いま』『ここ』の一回性によって形作られており、レコードなどの複製技術ではそれが骨抜きにされてしまうといった旨を述べています。

これはあくまで複製技術に関する言及ですが、現代においてはオンラインにも同じことが言えると僕は思う。ベンヤミンは複製技術によって失われる『作品のもつ権威そのもの』を『アウラ』と名付けます。もちろん、オンラインでも伝わるものはある。だけど、ベンヤミンが言う『アウラ』だけは、伝わらないと思うんです。

コロナ禍で、僕はこの『アウラ』のことをいままで以上に切実に考えています。なんだか、ずいぶん哲学的なコロナ休暇みたいだけど」

ならば、アフター・コロナには、この間にいろいろなことを考えた音楽家らが、新しい時代の音楽を一斉に後押しするのかもしれない。僕のこの意見に、まさしさんは、自身の決意も含めてこう語ってくれた。

「僕はこんなことを思うんです。まず、大前提として、音楽の神様というのがいる。ミュージシャンはそれぞれにアンテナを張って、神様から降りてくるものを受け取っている。それを自分の方法で楽曲やパフォーマンスという形にしているんです。そうすると、この時期にみんなが神様から受け取るものって、等しく自由への欲求不満みたいなもので……。だから、アフター・コロナになっても、僕は絶対にみんなと同じような歌なんてやらないぞって思っています」

生死についてもう一度考える

コロナ禍の一つの特徴は、どんな人にも平等に影響が出たことにある。音楽業界においては、まさしさんのような大御所も、これから有名になるような若手も、皆が平等にその活動を制限されてしまった。すでに知名度がある音楽家も大変だけれど、世間に知られていない若手らは、音楽の道そのものを断念せざるを得なくなるかもしれない。この点について、業界の実情をまさしさんに聞いてみた。

「そもそも、いまや世界的にＣＤが売れない時代になっています。僕が若い頃はレコードの全盛期で、何十万枚、何百万枚と売れると、相当な印税収入があった。

ところがいまは、CDが売れない。音楽を聴くためにはダウンロードやサブスクリプション(定額料金で音楽や動画を自由に楽しめるサービス)が普通になっている。そうなると、一曲で入ってくるお金って作詞と作曲の両方をやっていても、せいぜい何銭とかですよ。

一方、コンサートは、相当な人件費がかかりますからね。特に、ライブハウスなんかで日銭を稼いでいる人たちは本当に大変ですよ。ただでさえ音楽業界はそんな感じなのに、コロナによってみんなさらに追い詰められています。

だけどね、そんななかでも、どうにかみんながんばってるんですよ。心配だからスタッフたちに電話すると、みんな『大丈夫っすよ』って空元気を出すんです。『最近は何やってるの?』なんて聞くと、『隣の畑を借りて、きゅうりをつくり始めました』とかね。みんな自分なりに楽しんでるなと思いつつ、やっぱり早くみんなと仕事がしたいなと思っています」

文章を書くことについては、人に会えない分だけ自分のなかに入り込んで、自らを見直すことができるので、僕自身はすごく良い時間をもらっていると感じている。二〇二〇年七月には、著書『コロナ時代を生きるヒント』(小社刊)を刊行できたし、次の本にもすでに取り掛かっている。僕の執筆活動について、まさしさんが嬉しい言葉をかけてくれた。

「これまでにお医者さんが書いた本をたくさん読んできたけど、鎌田先生の本を読んで一番強く感じるのは、哲学と愛があるということなんです。命に対する愛と、患者を救いたいという哲学。鎌田先生の哲学は、背骨はしっかりとしているんだけど、決して堅苦しくはない。優しくて、わかりやすいんです。

やっぱり、僕らみたいな歌い手の視点から見る死生観と、医療の視点から見るそれとでは、映る物が違うんですね。鎌田先生にはこれからもバンバン書いてほしい。それで救われる人がいっぱいいるはずだし、他に書ける人はなかなかいないですよ」

僕は、コロナ禍の一番のつらさは、患者が死んでいく時に、誰にも「さよなら」を直接言うことができなかったところだと思っている。それこそ、志村けんさんについては、家族に対して「さよなら」も言えなかったし、手さえ握れなかった。見送る側も、志村さんに何も伝えることができなかった。

コロナは、僕たち人間にとってはまさに疫病神なので、できるだけ早く終息させないといけない。ただ、個人的には、コロナ禍の残酷な時間のなかで、もう一度「生」と「死」について考えられたように思っている。そして、生きることも死ぬことも、もっと丁寧にやっていくことが大切だと気付かされた。コロナ禍を越えて、新しい時代をつくるためにも、この期間に感じたことを、たくさんの人に伝えていきたいと思っている。まさしさんの言葉に背中を押された気がした。

僕が考える「生」と「死」については、まさしさんも考えるところがあるという。

「人の生き死には僕の歌のテーマでもあるし、拙い小説のテーマでもあるんです。一〇年ほど前に『アントキノイノチ』(幻冬舎)という遺品整理業の人が主人公の小説を書きました。この小説は、独居老人の遺品を整理するところから物語が始まるんだけど、独居のおじいちゃんやおばあちゃんも、誰にも『さよなら』を言えずに亡くなっていくんです。その悲しさを、今回の新型コロナが僕たちにはっきりと見せてくれたように思っています。

『さよなら』と言いたい人がいるのに言えない。一人きりで自分の人生だけを握りしめて、静かに亡くなる人の悲しさを思うと、本当に胸が痛いです。

僕たちは、さまざまな病気から『死』のいろいろな形を見せつけられるけれど、こんなに悲しさを突き付けてくる病気には初めて出合ったような気がしますね」

東京に二四時間対応の在宅総合診療を提供する「悠翔会」という医療法人社団がある。そこは首都圏に一二の診療拠点を構え、約五〇人の医師たちが常時五〇〇〇人近い患者さんたちを診て、看取りまでしている。

この「悠翔会」の佐々木淳《じゅん》理事長に話をうかがう機会があった。彼いわく、在宅のお年寄りの九九パーセントは、「コロナに感染しても、病院には行きたくない」「行ったとしても、人工呼吸器はつけなくていい」と主張するそうだ。つまり、コロナ禍のなかで、高齢者たちが自分の命に対して、明確に自己決定をし始めているのだ。

そして、ドクターたちもお年寄りの希望をしっかりと受け止めている。陽性になったからといって、病院に送り込むなんてやめようと。僕は、これは愛ゆえのことだと思っている。

家庭内感染を防ぐための処置もしっかりと行うし、ヘルパーさんへの感染を予防するために、なるべく医師と看護師でできる限りのことをする。そして、ヘルパーさんには買い物や料理づくりなどの支援をしてもらう。本当に愛に溢れていると思う。コロナ禍のなかで、みんなが人間らしさをいかんなく発揮している一例と言えるのではないだろうか。

この話を聞いたまさしさんが、こんな話をしてくれた。「僕は、ドクターにとって言葉は生命線だと思うんです。それを感じさせてくれたのは、中津川市民病院（岐阜県）の間渕則文先生でした」と。間渕先生は、ドクターカーに特化した病院前救急診療科を、日本で初めて設立した人物だ。

「間渕先生が、ある時、僕にこんなことを話してくれました。ドクターカーに乗って救急患者の自宅へ行くと、もはや助からないだろうと思われるケースがある。だけど、例えば患者さんの奥さんからすれば、いきなり家に入ってきた見知らぬ医者に『残念ながら、あなたの旦那さんはもう助かりません』と言われて、どうやって納得すれば良いんだと。

だから、たとえ『これはダメだな』と思っても、一生懸命に救命処置をする。そのうえで、『処置をしてみたけれども、助かる確率は低い。どうする？ 病院に行きますか？』と尋ねると、奥さんは『いや、ここで看取ります』と答える。そして、念のために『本当に良いの？』と確認を取ってから、自宅で看取ることがあるそうなんです。

僕はこの話を聞いて、患者や遺族の心が救われるかどうかは、ドクターの言葉しだいだと思いました。逆に言えば、知識があっても、腕が良くても、医者の心ない言葉で患者や家族の心が死んでしまうこともある。鎌田先生には、いつか医者の言葉遣いについて本を書いてほしいな」

小さな財団にもできることがある

間渕先生がいる中津川市民病院には、風に立つライオン基金から支援物資としてマスクを届けることができた。先生をはじめ、病院の皆さんが本当に喜んでくださった。風に立つライオン基金の活動についてまさしさんに聞くと、二〇一七年にこんなことがあったという。九州北部豪雨が起きた一カ月ほど後、大変な被害を受けた福岡県東峰村の地区長さんから、風に立つライオン基金の事務局に連絡があった。その地区長は、電話口でこう言ったそうだ。

「我々はようやく悲しみを乗り越えて、これからがんばろうとしているんだけど、さだまさしさんはいつ来てくれますか？」

電話を受けた人間が詳しく話を聞くと、まさしさんと約束があるわけではないという。地区長が勝手に「災害があったらさだまさしが来る」と思い込んでいたのだ。ところが、一向にさだまさしは来ない。当時のことをまさしさんはこう振り返る。

「この電話にはすごく勇気をもらったね。東日本大震災に始まり、東北豪雨による常総市の水害、熊本地震と、僕は災害が起きるたびに被災地で支援を行ってきました。ただ、それらは僕が勝手に押しかけて、勝手に支援してきたつもりだった。それが、東峰村の地区長さんみたいに待ってくれている人がいる。僕の気持ちは、ちゃんと伝わっていたんだと思えたんです。だから、東峰村にはすぐに飛んでいきましたよ」

まさしさんが言うように、これまでのライオン基金は、地震や水害などの自然災害の時に、被災地への支援を行ってきた。コロナ禍でも、まさしさんの判断ですでに一二〇〇万円を使ってマスクやガウンを最前線の医療従事者に届けている。しかし、まさしさんはこうした支援には持続可能性がないと考えている。

「物資の支援というのは、僕らみたいな小さな財団だとすぐに限界がきてしまう。使えるお金は、せいぜい数千万円ですから。今回も合計で二〇〇〇万円を支援につぎ込みましたが、それは財団の存続を危うくするくらいの出費でした。だから、物資を大量に送るような支援は、億単位でお金を出せる規模の大きな財団に任せればいい。

そんなことを考えていた時に起きたのが、長崎港に停泊するクルーズ船『コスタ・アトランチカ』での集団感染でした。船内では医療人材不足が深刻だったようで、国際医療ボランティア団体のジャパンハートにヘルプコールが入りました。そこで、鎌田先生から紹介してもらったフリーランスの医師である奥知久《おくともひさ》先生を、ライオン基金からの派遣医として送り込むことにしたんです。

ライオン基金には、『風の団』という全国の心ある医師・看護師の方々で組織するボランティア団体があります。この組織も鎌田先生の助言を受けて設置したのですが、正直に言うと、これまでは皆さん方の能力を最大限に生かすことができていませんでした。なので、今回の奥先生の派遣は、今後の『風の団』の可能性を大きく広げる起点になったように思っています」

支援する人を支援する活動

人材の派遣は医療現場にとどまらず、介護現場にも行った。医師や看護師に介護の現場に入ってもらって、感染症対策のレクチャーを行ってもらったり、リモートで相談に応じてもらったりしたのだ。

医療従事者の過酷な状況には早い段階から注目が集まっていたけれど、接触が避けられない介護従事者は、当初はあまり注目されていなかった。ライオン基金としても、徐々に介護現場にも支援を広げていったという感じだった。

その時すでに一二〇〇万円を使っていて、財団として支援に使えるお金は残り八〇〇万円だった。まさしさんは人材を派遣するために、そのお金を使うことを躊躇しなかった。あの決断は、現場に赴《おもむ》く医師や看護師たちにとっても嬉しかったはずだ。

「医師や看護師の方々は、僕には絶対にできない仕事をしてくださるわけで、逆にこちらが感謝ですよ。東日本大震災の被災地で支援をしている時に、歌い手なんてここでは何も役に立たないと思ったんです。医者や看護師が来て、脈をとってもらえるだけでも、被災者の人たちは安心できるじゃないですか」

思い返せば、東日本大震災から一カ月後くらいに、僕が医療支援をしていた南相馬（福島県）に、まさしさんが来てくれた。僕が講演をして、まさしさんが歌う。あそこの体育館には、他所の避難所からも大勢が駆け付けて、おそらく一〇〇〇人くらいはいたのではないだろうか。

あの時、多くの人が「震災の後、初めて泣いた」と言っていたのがすごく印象に残っている。「避難所では、みんなが我慢しているから、泣きたくても周囲に申し訳なくて泣けなかった。だけど、さだまさしが笑わせてくれて、泣かせてくれて、また生きる力が出た」という人が本当に多かった。医師や看護師もすごいけれど、歌の力もすごい。そう思ったことをよく覚えている。

各地の避難所に足を運んできたまさしさんは、現地の人からこんな話を聞いたそうだ。

「岩手県遠野市のボランティアセンターに行った時に、あるマッサージ師さんからこんな話を聞きました。避難所生活をしている頃より、仮設住宅に移った後の方が、人々の肩こりが酷いそうなんです。この話を聞いて、避難所生活では見栄も体裁もあるからがんばれていたけれど、仮設に入ると孤独感に苛《さいな》まれたり、疲れがどっと出たりしてしまうのかなと思ったんです。

独居の高齢者は特にそうかもしれない。

東日本大震災以降、避難所の過ごし方が徐々に変わりつつあって、プライバシーを重視したり、少しでも快適に過ごせるように工夫がされたりし始めている。アフター・コロナを考えれば、この流れは加速するでしょう。もちろん、それはそれでとても大切です。だけど、かつてのように同じ傷を負った人々が肩を寄せ合って生活していた空間では、まさに『人』という漢字の形が表しているように、それぞれが支え合っていたのかなと思う面もあるんですよね」

今後考えないといけない大切な課題だ。

僕は今回、二つのことを反省しないといけないと思っている。一つは、陽性者に対してバッシングや差別が生まれてしまったこと。そして、もう一つは格差社会が感染拡大を助長したことだ。陽性者やその疑いがある人をつまはじきにしたり、レッテルを貼ったりするのではなく、闘病や自主隔離に対して「お疲れさま」と言ってあげられる社会にしないといけない。他の国を見ていても、感染した人を大切にできない国は感染に弱いように思う。

その一方でうまくいったと思うのは、ライオン基金の活動で専門家と住民との連携ができたことだ。まさしさんはよく〝支援する人を支援する〟ことの重要性を語っている。今回の医療人材の派遣は、まさに支援する人の支援だった。この点について、最後にまさしさんにいまの考えを聞いてみた。

「これは前から言っていることですが、そろそろみんなバラバラに支援するのではなくて、まとまって支援した方が良いですよね。

ライオン基金の活動資金は、主にコンサート会場での募金でした。当分はコンサートも満足にできないだろうから、今後はなかなか大変です。だけど、何とか皆さんに寄付をお願いして、自分たちにできることをやっていこうと思います」

二〇二三年から二四年にかけてフジテレビ系列で、三回にわたって放映される「テレビ寺子屋」に二人で出演した。そこで僕は、さだまさしは「オキシトシンの人」と話した。オキシトシンとは、体内で分泌されるホルモンの一つで、「絆ホルモン」「共感ホルモン」「愛情ホルモン」などと呼ばれる。つまり、まさしさんは絆や共感や愛情が深い人という意味だ。

するとテレビカメラに向かって彼が、見事な切り返しをしてきた。

「おせっかいホルモンだね」

これには参った。うまいと思った。

「おせっかいおばさんっているよね。ちょっと鬱陶《うっとう》しい面もあるけど、おせっかいおばさんたちはじつに元気だ」

おせっかいとか、人を大切にするとオキシトシンが出る。オキシトシンは最近の研究では、抗酸化力が強く、老化を防いでくれると言われている。人に優しくおせっかいをすると、回り

回って自分が元気になる。そう僕が伝えると、

「そうか、たしかに。おせっかいおばさんは、ちょっと暑苦しいけど、おばさんたち自身もたしかに元気。おせっかいホルモンってそういう効用があるんだね」

まさしさんは言葉に対する感覚が鋭い。オキシトシンのことを、「おせっかいホルモン」なんて言ったのは聞いたことがない。とっさにそんな言葉を出せるなんて、さだまさし恐《おそ》るべし。

彼はこの「おせっかいホルモン」を出して、七十一歳。実に元気だ。「おせっかいホルモン」は、「シン・がんばらない」生き方の一つなのかもしれない。

本書は、月刊『潮』連載「鎌田實の『希望・日本』」の一部を収録し、加筆・修正したものです。時系列や肩書き、各種統計データ等は掲載当時のものです。

【初出】

・〝一人でいるって楽しいことね〟。（2021年7月号）
・「親の面倒は子がみるべき」からの解放。（2021年8月号）
・障害があっても不幸にならない未来を目指して。（2023年5月号）
・ネットでもリアルでもスタッフの「心」はお客に伝わる。（2021年11月号）
・大量生産・大量消費よさようなら——次世代ブランドの挑戦。（2021年8月号）
・福島で新しい自己が編み直された。（2021年4月号）
・山形で紡がれていく〝奇蹟〟の積み重ね。（2021年2月号）
・「人口減少」でも充実して生きられるまちづくりへ。（2021年9月号）
・カルテには残らない「ものがたり」に耳を澄ます。（2023年3月号）
・薬に頼らないうつ病治療。（2021年5月号）
・「子育ては社会で担う」が当たり前の日本へ。（2023年8月号）
・ネットの世界でも〝ピンピン〟活躍する元気高齢者たち。（2023年3月号）
・生島ヒロシさんと語り合う七十歳からの健康法。（2023年9月号）
・自分とは異なる他者への〝まなざし〟。（2021年1月号）
・音楽って、「手渡し」するもの。（2020年7、8月号）

鎌田 實　かまた・みのる

一九四八年東京都生まれ。東京医科歯科大学医学部卒業後、諏訪中央病院へ赴任。三十代で院長となり、潰れかけた病院を再生させた。「地域包括ケア」の先駆けを作り、長野県を長寿で医療費の安い地域へと導いた。現在、諏訪中央病院名誉院長、地域包括ケア研究所所長。一方、チェルノブイリ原発事故後の一九九一年より、ベラルーシの放射能汚染地帯へ一〇〇回を超える医師団を派遣し、約一四億円の医薬品を支援（ＪＣＦ）。二〇〇四年からはイラクの四つの小児病院へ四億円を超える医療支援を実施、難民キャンプでの診察を続けている（ＪＩＭ－ＮＥＴ）。東北はもとより全国各地の被災地に足を運び、多方面で精力的に活動中。ベストセラー『がんばらない』他、著書多数。

潮新書 057

シン・がんばらない

2023年 12月20日 初版発行

著者｜ 鎌田 實
発行者｜ 南 晋三
発行所｜ 株式会社潮出版社
〒102-8110
東京都千代田区一番町6 一番町SQUARE
電話 ■ 03-3230-0781（編集）
■ 03-3230-0741（営業）
振替口座 ■ 00150-5-61090

印刷・製本｜ 株式会社暁印刷
ブックデザイン｜ Malpu Design

ISBN978-4-267-02411-5 C0295